과학의 불교

아비달마불교의 과학적 세계관

과학의 불교
아비달마불교의 과학적 세계관

초판 1쇄 : 2017년 5월 30일
초판 2쇄 : 2018년 10월 10일

지은이 | 사사키 시즈카
옮긴이 | 법장
펴낸이 | 남배현

기획 | 모지희
책임편집 | 박석동

펴낸곳 | 모과나무
등록 2006년 12월 18일(제300-2009-166호)

주소 | 서울시 종로구 종로19, A동 1501호
전화 | 02-725-7011
전송 | 02-732-7019
전자우편 |mogwabooks@hanmail.net

디자인 | Kafieldesign

ISBN 979-11-87280-13-2 (03220)

이 도서의 국립중앙도서관 출판예정도서목록(CIP)은
서지정보유통지원시스템 홈페이지(http://seoji.nl.go.kr)와
국가자료공동목록시스템(http://nl.go.kr/kolisnet)에서
이용하실 수 있습니다.(CIP제어번호 : CIP2017011225)

© Shizuka Sasaki, 2017

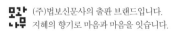
(주)법보신문사의 출판 브랜드입니다.
지혜의 향기로 마음과 마음을 잇습니다.

과학의 불교

아비달마불교의 과학적 세계관

•

사사키 시즈카 지음

법장 옮김

모과
나무

❖

좌절과 열등감을 가지고 있지만
누구보다 진지하게 살아가는
세상의 많은 사람들에게 이 책을 바칩니다.

❖

불교를 통해 만나는 우주

불교는 약 2,500년 전 인도에서 석가모니 부처님께서 만들었다. 그 목적은 인생에서 피할 수 없는 늙음(老), 병듦(病), 죽음(死)이라는 괴로움(苦) 속에서 허우적거리는 사람들을 구제하는 것이다. 석가모니는 자신을 찾아오는 많은 이들에게 '괴로움의 원인'과 '괴로움을 없애는 길'을 설명했다. 그 가르침에 감명을 받은 사람들은 출가하여 석가모니의 제자가 되거나 재가 신도로서 석가모니의 승단을 후원했다. 이러한 석가모니를 따르는 이들의 생활이 불교라는 종교를 형성했다.

석가모니는 고민을 안고 찾아오는 이들에게 그때 그때 개별적으로 가르침을 설했기에 그 내용은 모두 단편적이다. 그 단편적인 가르침이 산과 같이 쌓이고 쌓여 부처님의 설법, 즉 경전經典으로 신자들의 중요한 성전聖典이 되었다. 그것이 현재《아함경阿含經》이나《니까야Nikāya》라는 이름으로 불리고 있고, 거기에는 5,000

개 이상의 단편적인 가르침이 들어있다. 역사적으로 말하면 그 5,000개 이상의 가르침 대부분 후대의 사람들 손에 의해 창작된 '편집물編集物'로서, 석가모니의 말을 그대로 전하는 것이 아니다. 그렇다 하더라도 거기에 불교 본래의 가르침과 세계관이 나타나 있는 것은 틀림없다.

그러한 이유로 불교의 가르침이라는 것은 원래가 짧은 단편의 집합체였다. 이것을 읽으면 석가모니께서 가르쳐준 것을 전부 알 수 있다 하는 교과서와 같이 정리된 것은 어디에도 없었다. 그 뒤로 400~500년간 스승을 잃은 제자들은 단편적인 《아함경》을 의지처로 삼아 수행의 나날을 보내고 있었다.

그러나 머지않아 가르침을 체계화하여 하나로 정리해야 한다는 생각이 불교계 안에서 터져 나왔다. 아마 그것은 불교의 다양화로 발생된 '교의마찰教義摩擦'이 영향을 주었다고 생각된다. 본래 하나였던 불교라는 종교도 시대의 흐름에 따라 차츰 나뉘고 다양화되어 여러 가르침의 차이가 나타나기 시작했다. 그리고 그것이 정통성을 둘러싼 논쟁으로 발전되고, 논쟁에서 이기기 위해 '일원화된 체계'가 필요했다.

이렇게 해서 단편적인 《아함경》을 기반으로 체계적인 불교서가 만들어지게 되었다. 그러한 장르를 '아비달마Abhidharma'라고 한다. 아비달마는 지금으로부터 약 2,000년 전에 제작이 시작되어 약 500년간 계속해서 만들어졌다. 내용은 《아함경》을 기반으로 석가모니 시대의 오리지널 불교를 체계화한 것이다. 새로운 불교운동으로 후대에 생겨난 대승불교의 가르침은 포함되지 않았다. 대승불교의 영향을 받지 않고 본래의 불교를 체계화한 유일한 불교철학이라는 점에서 그 존재는 귀중하다.

아비달마가 당시 불교계 전체에서 꾸준히 만들어졌을 리는 없다. 철학적 사고를 중시했던 특정한 그룹만이 아비달마를 만들었다. 아마 "그런 이론만 내세울 여유가 있으면 수행이나 하라"며 아비달마를 거들떠보지도 않았던 그룹도 틀림없이 많았을 것이다. 그래서 현재 남아있는 아비달마의 출처가 두 지역에 편중되어 있다. 첫 번째는 스리랑카를 기점으로 동남아시아 전역에 퍼진 '팔리불교(남방불교)'이다. 발우를 들고 황색 가사를 두르고 수행하는 승려들이다. 그곳에는 아비달마가 다수 전해져 승려 필수과목으로 지금까지도 읽혀진다(현지에서는 '아비담마Abhidhamma'라고 불린다). 다른 중심지는 인도와 파키스탄 국경지대의 히말라야 부근에 있는 카슈미르, 간다라 지역이다. 이곳에는 2,000년 전부터 '설일체유부說一切有部'라는 그룹이 아비달마를 크게 발전시켰다. 그러나 설일체유부는 인도에서 불교 붕괴와 함께 소멸되어 지금은 존재하지 않는다. 현재는 설일체유부에서 만든 아비달마의 책만이 남아있다.

남방의 아비달마와 설일체유부의 아비달마를 비교해 보면 많은 공통점이 있다. 양쪽 다《아함경》을 기반으로 하고 있기 때문에 당연하다. 그러나 다른 점도 많다. 시간·공간의 인식이나 마음(心)의 상태 등 중요한 문제에 있어서 큰 차이를 보인다.

　이 두 계통의 아비달마 중에서 동아시아에 영향을 준 것은 두말할 나위 없이 설일체유부의 아비달마이다. 카슈미르, 간다라에서 실크로드를 통해 중국에 전해져 동아시아 전역으로 퍼지게 된다. 동아시아불교의 기반에는 설일체유부의 아비달마가 있다. 그것을 받아들이든 부정하든 설일체유부를 어떻게 보는가에 따라 각 불교 종파의 성격이 정해졌다.

　이 책에서는 설일체유부의 아비달마 중에 가장 완성된 형태의 책을 한 권 정해서 그것에 그려진 세계상世界像을 소개하겠다. 그 책은 《아비달마코샤Abhidharmakośa》이다. '아비달마의 창고'라는 의미다. 동아시아에서는 《구사론俱舍論》이라 불리며 중요하게 여겨졌다. '구사'라는 것은 '코샤'라는 인도어의 음사音寫이다. (《아비달마코샤》는 《아미달마구사론阿毘達磨俱舍論》이라는 이름으로 한역되었으며 줄여서 《구사론》이라 한다. 역자 주)

　설일체유부의 아비달마 전체를 훑어보면, 거기에는 다양한 종류의 책이 몇 권이나 존재하고 있어서 구조가 복잡하다. 500년이나 걸쳐 발달된 철학체계이기에 사상의 시대적 변천도 있으며 자료간의 모순도 많다. 그것을 상세하게 조사하는 것이 불교학의 정도正道이지만, 가장 잘 정리되어 있고 동아시아불교에 가장 큰 영향을 끼친 《아비달마코샤》를 채택하여, 그것에 초점을 두어 소개할 것이다. 상세한 자료 정보나 설일체유부의 역사 등은 책의 말미에 소개한 '문헌 안내'를 참고해주시고, 이 책에서는 어쨌든 《아비달마코샤》가 설명하는 '현대과학과 통하지만 현대과학과는 전혀 다른 개념으로 형성된 흥미롭고 기묘한 세계상'을 보여주는 데 전력을 다하겠다. 다 읽고나서 "피곤했지만 재미있었다"라고 말씀해주신다면 무엇보다 다행이겠다.

깊고 험난한 아비달마의 세계에 일반인을 대상으로 이정표를 세우는 것이 이 책의 목적이지만, 혼자서 작업을 하면 실수도 생기기 마련이다. 원고 작성 단계까지는 혼자서 했지만, 마지막으로 누군가 의지가 될만한 분에게 전체를 확인받아야겠다고 생각했다. 불교학에 발을 들인 지 35년, 그동안 변함없이 저에게 항상 질타해주시고 계신 선배이며, 아함·아비달마연구의 선두에 서 계시며, 뛰어난 불교학자인 혼죠 요시후미(本庄良文) 불교대학 교수밖에 기댈 분이 없다고 생각하여 무리하게 부탁을 했다. 본문 제1장부터 마지막 장까지의 원고를 전해드리며 문제점을 지적해달라고 부탁했다.

　그 결과, 착각과 잘못 외운 것 등 교정해야 하는 많은 점들을 지적해주었다. 너무나 부끄러움을 느끼며 "혼죠 교수님에게는 못 당한다"라며 다시 한 번 감복했다. 바쁘신 와중에도 무리한 부탁을 흔쾌히 받아준 혼죠 요시후미 교수에게 마음 깊이 감사드린다. 바쁜 나머지 "출퇴근 지하철에서 확인할 시간밖에 없었다"라는 말씀 대단히 송구스러우며, 만약 잘못된 부분이 있더라도 그것은 전적으로 저의 공부가 부족한 탓이라고 덧붙이며 감사의 뜻을 표한다.

마지막으로 이 책을 출판한 화학동인化學同人 출판사의 쓰루 타카아키(津留貴彰) 씨에게 마음 깊이 감사의 뜻을 표하고 싶다. 쓰루 씨는 기획 단계에서 몇 번이고 저와 협의를 거쳐 방향을 정했고, 그 뒤로 글쓰기 진행이 안 될 때 저를 격려하며 몇 넌이고 기다려 주셨다. 이렇게 출판되어 그러한 고생에 보답할 수 있어 어깨 짐을 드디어 내린 기분이다. 선집의 한 권으로 불교철학을 출판한다는 다소 무모한 기획도 쓰루 씨의 지원이 있었기에 가능했다. 항상 온화한 표정으로 격려해준 쓰루 타카아키 씨의 온정에 마음 깊이 감사드린다.

02
불교가 인식하는 내적세계—
심心·심소心所

13

03
불교의 시간론 —
제행무상諸行無常과 업業

04

불교의 에너지 개념 —
심불상응행법心不相應行法

《구사론》으로의 초대

《구사론》의 목적은 불교 수행자에게 바른 깨달음의 길을 알려주는 것이다. 자신이 수행하여 자신이 깨닫는 것이 기본 방침이다. 대승불교와 같이 인간의 지혜를 뛰어넘은 어떤 신비한 힘을 상정하는 것이 아니기 때문에 평탄하고 단순한 길이다. 한 발 한 발 나아가면 그 걸음들이 쌓이고 쌓여 반드시 깨달음에 이르게 된다고 생각한다. 그것은 모두에게 열려있는 절대적으로 공평한 길이지만, 반면 자신이 걸어가지 않으면 안 된다는 점에서 지름길이 없는 엄격한 외길이기도 하다. 석가모니 부처님이 태어난 네팔 히말라야 산맥과 연관지어 말하면, 세계 최고봉인 에베레스트에 오르고 싶은 사람들에게 '에베레스트에 오르는 법'을 가르쳐주는 매뉴얼이 바로《구사론》이다. 그렇다면 구체적으로 그러한 등반 매뉴얼은 어떠한 내용인가?

우선 무엇보다 에베레스트 및 그 주변 히말라야 산맥 전역에 대한 지리나 기상 조건 등의 상황 설명이 필요하다. 지금부터 오르려고 하는 히말라야라는 세계가 대체 어떠한 구조로 되어있는지 모르고는 발을 내디딜 수 없다. 그러한 현상 설명이 끝나고 에베레스트 전체 모습이 머리에 들어온 뒤 비로소 등반자가 미리 준비해야 하는 장비나 사전 트레이닝이 지시된다. 그리고 나서 드디어 등반의 방법이 구체적으로 설명된다. 히말라야 등반은 자칫하면 목숨을 잃을 수도 있는 계획이기에 이러한 상황 설명은 하나부터 열까지 하나도 빠짐없이 전부 상세하게 설명되지 않으면 안 된다. 그러므로 그 매뉴얼은 터무니없이 방대하다.

에베레스트가 아닌 '깨달음의 산'을 목표로 하는 사람들의 등반 매뉴얼인 《구사론》도 이와 같은 구조다. 우선 무엇보다 중요한 것은 '깨달음의 산' 주변의 상황 설명이다. 에베레스트 등반은 에베레스트와 그 주변의 히말라야 산맥의 설명에서 끝나지만, '깨달음의 산' 경우에는 그 출발점이 지금 우리가 살고 있는 세상 그 자체이기 때문에 전체 상황을 설명하려면 이 세상을 전부 설명하지 않으면 안 된다. '우리가 사는 이 세상은 어떠한 구조인가?', '그것은 어떤 원리로 움직이는가?', '그 속에서 깨달음은 어떤 위치에 있으며, 어떤 상태를 나타내는가?'라는 문제가 제기되어 다양한 각도에서 설명된다. 이것만으로도 《구사론》의 절반 이상이 소비된다.

그리고 그것이 완료된 단계에서 등반자 자신의 기술 지도로 이야기가 나아간다. 에베레스트 등반이 목숨을 건 모험인 것과 같이 '깨달음의 산' 불도佛道 등반도 또한 자신의 인생을 건 필생의 일대사이기 때문에 그 설명에 생략함을 허용할 수 없다. 처음에는 그저 그런 범부凡夫였던 사람이 수행을 거듭하여 깨달음의 경지에 도달할 때까지의 모든 과정이 상당한 고밀도와 고순도인 동시에 다면적으로 해설된다. 이것이《구사론》의 후반부 내용이다.

에베레스트 등반에 관심 없는 사람이 에베레스트에 오르는 법을 읽으면 실생활에 전혀 도움이 되지 않는 하찮은 말만 늘어놓은 정말 지루한 책이라고 느낄지도 모른다. 그러나 등반자에게 있어서는 그 해설 하나하나가 자신의 목숨을 지켜주는 귀중한 조언이다. 결코 무의미한 공론이 아니다. 그러므로 비록 에베레스트에 오를 계획이 없더라도 그곳의 정경을 머릿속에 떠올리며 등반자에 감정이입을 하면서 읽으면, 순식간에 손에 땀을 쥐게하는 박진감 넘치는 모험드라마로 모습을 바꾼다. 하물며 등반 기술을 바탕으로 인생의 양식을 조금이라도 손에 넣고 싶다는 생각이 있다면 그 리얼리티는 더욱더 읽은 이의 마음에 와 닿는다.《구사론》도 또한 이와 같이 읽는 이의 마음가짐에 따라 '재미없고 하찮은 억지 이론의 산'이 되거나, '신나는 모험의 책'이 될 수도 있다.

이 책은 일반인을 대상으로 한 입문서이자《구사론》이라는 불교세계 최고의 등반 매뉴얼이다. 매뉴얼 자체를 주면서 "읽어주세요" 하면 보통 사람은 난처해한다. 책을 쓴 스타일이 지금 책과는 전혀 다르고, 당시 불교도라면 어렵지 않게 이해할 수 있었던 기본지식이지만 지금은 그러한 것들이 전부 없어져버렸다. 그래서 그러한 불편함을 수정하고 중요한 요점만 추출하여 알기 쉽게 해설해《구사론》의 재미와 중요함을 이해시키는 것이 이 책의 목적이다.

본서는 화학동인 출판사의 '동인선서同人選書'의 한 권이기에 어디까지나 과학 영역의 기반에 놓여있다. 따라서 고찰 대상은《구사론》전반부의 '이 세상의 모습'만으로 한정한다. 후반부의 등반의 기술지도, 즉 깨달음에 이르기 위해서는 어떤 수행을 하면 되는가 하는 종교적 측면에 대해서는 거론하지 않겠다. 그것은 '불교 수행을 하고 싶다'라는 생각을 가진 이에게는 중요한 정보지만, 일반 독자에게는 너무 인연이 멀다. 그것에 대해서는 다시 다른 불교학의 영역에서 다룰 예정이다.

《구사론》은 전반부에서 방금 말한 것과 같이 깨달음을 정점으로 하는 세계의 모습을 상세하게 해설하고 독자가 지금부터 나아가는 길의 개요를 나타내고 있다. 그것은 '불교적 세계관의 객관적 서술'이다. 물론 여기에도 개인적인 종교체험의 요소가 수없이 포함되어 있지만, 기본은 어디까지나 세계의 양상을 바르게 전하는 것에 있다. 게다가 그 세계의 양상은 대승불교와 같은 신비와 기적으로 이루어진 거대한 무대가 아닌, 원인과 결과만으로 엄숙히 전개되는 평온한 기계론機械論적 우주이다. 그것은 과학적 세계관과 동일선상에 있다. 그렇기 때문에 '동인선서'의 한 권으로 저술하여 과학계에도 알려주고 싶다고 생각했다.

❖

그럼 이제부터 물질, 정신, 에너지, 시간, 인과관계라고 하는 다양한 개념을 유기적으로 관련지어 《구사론》이 말하는 불교의 세계상을 살펴보겠다. 그 전에 잠시 《구사론》이라는 책에 대해서 설명해두려고 한다.

《구사론》은 인도 승려 세친(世親, Vasubandhu)이 썼지만, 사실을 말하자면 한 명의 작자(세친)가 자신의 사상을 그대로 나타낸 순수한 책은 아니다. 《구사론》은 약 2,000년 전의 당시 인도 불교계에서 널리 일반적으로 인정된 세계상을 모두에게 해설하는 것이 기본 방침이지만, 세친 자신이 그러한 세계상을 전부 받아들였을 리는 없다. 많은 점에서 다른 생각을 가지고 있었다. 즉 자기 자신의 생각을 어느 정도 억누르면서 불교계의 본류本流를 말한 것이 《구사론》이다. 따라서 곳곳에 세친의 본심이 나온다. 그러한 곳에서는 본류의 생각과 세친의 의견을 함께 열거하여 설명한다. 그러나 본서에서는 그러한 《구사론》의 독자적인 개별 상황에 대해서는 논하지 않겠다. 그러한 문제에 몰두하기 전에 우선 불교 본류가 이 세계를 어떻게 생각하고 있었는지 아는 것이 무엇보다 중요하다. 그것을 이해하고 나서 '그럼 세친은 이 세계관에 대해서 어떠한 다른 의견을 가지고 있었는가?'라는 점에 흥미가 있다면 보다 전문적인 연구서로 손을 뻗어주셨으면 한다.

01

———

불교의 물질론 :

법法과 극미極微

대승불교권인 동아시아불교에서는 이 세상의 만물과 인과관계에는 실재성實在性이 없다는 설이 무엇보다 강조되어 '모든 것은 공空이다'라고 한다. 그러나 이것은 신비성을 바탕으로 하는 대승불교 특유의 주장으로 《구사론》은 결코 그렇게 말하지 않는다. "이 세상의 많은 존재는 허구이지만, 그 속에는 틀림없이 실재하는 것이 있다"고 말한다.

'집'이나 '자동차' 등은 허구 존재이다(이것을 '가설假設'이라고 한다). 왜냐하면 그것은 여러 가지 재료와 부품의 집합체에 우리들이 마음대로 이름을 붙여 부르고 있을 뿐이기 때문이다. 자동차를 따로따로 분해하면 몸체나 엔진이나 타이어 등으로 본래의 '자동차'라는 존재는 없어진다. 그 몸체나 엔진이라는 존재 또한 보다 작은 부품으로 분해하면 사라져버린다. 우리들이 이름을 붙여 부르는 대부분의 모든 존재는 그러한 형태의 집합체에 지나지 않기에 진정한 실재가 아니다. 우리들이 마음대로 이름을 붙여, 우리들이 마음대로 '그곳에 있는 그것과 같이' 취급하고 있을 뿐이다.

그럼 이 세상의 모든 것이 허구 존재인가 하면 그렇지 않다. 임시 명칭으로 구성된 허구 세계 속에 그 세계를 구성하는 기본적인 실재 요소가 있다. 물질세계에는 물질세계를 구성하는 궁극의 실재 요소가 존재하고, 정신세계에도 정신을 형성하는 요소가 있다. 게다가 물질과 정신 어느 쪽에도 속하지 않는 일종의 에너지 요소도 실재한다. 이러한 기본적인 실재 요소를 불교에서는 '법法'이라

고 한다. 다양한 법이 뒤얽혀 이 세상을 구성한다. 이것이《구사론》
세계관의 근본 원리다. 결코 '색즉시공色卽是空'이라고는 말하지
않는다.

그러므로 이 세상의 진정한 모습을 이해하기 위해서는 우선 기
본적 실재 요소(법)를 정확하게 파악해둘 필요가 있다. 특히 중요
한 것이 '나'라는 존재 의미다. 나란 무엇인가? 만일 그것이 불변의
절대존재라면《구사론》이 말하는 많은 법 가운데 '나'라는 것도 포
함되어 있을 것이다. 그러나 그것은 포함되어 있지 않다. '나'는 법
이 아니다. 법이 아니라면 실재가 아니다. 그렇다면 '나'라는 가설,
즉 '자동차'와 같이 다양한 부속품들이 모여 이루어진 것에 붙여진
임시 명칭이다. '나'는 실재가 아닌 것이다. 여기에《구사론》을 근
본으로 하는 아비달마불교의 진면목이 있다.

불교에서는 '나'를 '아我'라고 하기에 법을 전부 살펴보아도 어
디에도 나라는 실재는 없다는 의미로 이것을 '제법무아諸法無我'
라고 한다. 이 세상을 궁극의 실재 요소까지 환원還元할 경우, 당연
히 있는 것이라고 굳게 믿었던 '아我'가 어디에도 있지 않고, 그것
이 다양한 법의 일시적인 집합체에 불과하다는 것을 알아차리는
것이 불교철학의 출발점이다. 따라서 무엇보다 중요한 작업이 '존
재의 분석'이다. 이 세상의 모든 존재를 궁극의 요소까지 분석하여
비로소 우리들은 자기 자신의 조성組成과 그 기능을 객관적으로
이해할 수 있었다. 그것을 이해한 뒤에 자신의 상태를 자신의 힘으

로 보다 나은 형태로 바꿔 나간다. 그것을 불도 수행이라고 한다.

그럼《구사론》은 세계의 모든 존재를 어떻게 분석하는가? 그것을 살펴보겠다.

1 | 물질세계의 인식법
—75법七十五法

삼원론三元論

현대 과학은 정신세계의 독립성을 인정하지 않고 정신을 물질 현상의 일부로 설명 가능하다는 기계적일원론機械的一元論이다. 그것이 완전히 정당한 관점으로, 예전에는 특별하게 여겼던 정신 영역도 지금은 뇌라는 물질 기관의 작용으로 물질계에 환원되고 있다. 그러나 2,000년 전의 인도불교세계에 그러한 과학적 일원론은 없었다. 당시에는 물질과 정신의 이원론二元論이 당연하게 전개되었다. 물질은 물질, 정신은 정신 각각 별개의 기본 요소(법) 몇 종류가 있어 그것이 모이고 쌓여 물질세계, 정신세계를 형성한다고 생각했다.

그러나 재미있는 것이 《구사론》에서는 물질도 정신도 아닌 별개의 범주가 하나 더 있다고 생각했다. 지금의 용어로 말하면 에너지 영역이다. 이 세상에는 물질도 정신도 아닌 전혀 다른 별개의 법이 존재하여, 그것이 만물을 움직이고 변화시키는 작용에 관계한다고 생각했다. 이리하여 《구사론》의 세계관은 원칙적으로 '물질', '정신', '에너지'의 삼원론三元論이다. 이 세 영역의 법이 서로 영향을 주면서 이 세상을 형성하고 움직인다. '나'라는 존재도 그러한 법의 집합체로서 임시로 존재하는 것에 불과하다. 무엇을 찾아보아도 '이것이 나의 본체다'라고 말할 수 있는 불변의 실재는 찾을 수 없다.

이 《구사론》의 삼원론은 현대 과학적 일원론에서 보면 부당하다고 생각될지 모른다. 그러나 '삼원론'이라는 틀을 벗기고 그 안의 상호 관계를 본다면 현대의 세계관과 그 정도로 다른 것이 아니다. 정신 영역에 존재하는 법을 살펴보면 '외계인식外界認識', '논리사고論理思考', '애착愛着', '분노憤怒'라고 하는 것이 총 40개 이상 상정되어있다. 이것들 하나하나가 법이며 실재하는 기본 요소라고 한다. 그래서 그 법들이 다양하게 합쳐지고 서로 뒤얽힌 곳에 우리들 한 명 한 명의 '정신'이 구성된다. 게다가 그것은 눈이나 귀 등의 감각기관을 통해서 외부의 물질세계와 연결되어있다. 바꿔서 보면 눈이나 귀라는 감각기관도 정신의 일부라는 것이다. 마음과 마음 작용을 구성하는 40개 이상의 요소와 외부 정보를 입력하는 감각기관, 그 전체가 정신의 본질이다.

만약 이러한 상황을 다르게 표현하여 '40개 이상의 기본 기능의

집합체로 뇌의 움직임이 구성되고, 그 뇌는 눈이나 귀 등의 감각
기관으로 입력된 외부 정보를 기본으로 기능한다'라고 한다면, 그
것은 그대로 현대 정신의학이나 뇌과학의 구조로 전환할 수 있다.
'정신세계에 실재성을 인정할 것인가?'라는 점에서 견해가 나뉘지
만, 심적心的 기능의 구조에 관해서는《구사론》은 지극히 현대적인
생각을 하고 있다. 그리고 그러한 물질과 정신의 연합체에 여러 가
지 활동 기능을 부여하는 제3의 요소로 에너지가 상정되어 있다.

　이렇게 보면 불교의 삼원론이 결코 세계를 세 개의 독립된 영역
으로 나누어 생각한 세계관이 아닌 것을 알 수 있다. 물질과 정신
과 에너지는 각각 독자적인 특성을 가진 별개의 영역이지만, 그것
이 나눌 수 없는 상태로 일체화—體化된 곳에 이 세상의 현상 세계
가 나타난다. 물질과 다른 차원인 '혼魂'을 상정하여, 그것이 물질
을 떠나도 독립적으로 존재할 수 있다고 생각하는 그리스도교나
이슬람교의 이원론과는 관점이 완전히 다른 불교 독자의 세계관
이다. 그렇기 때문에 지금 세상에 소개하는 의미가 있는 것이다.

어떠한 작용도 하지 않는 존재

이념적인 이야기는 이쯤으로 하고, 더욱 구체적인 설명으로 나아
가기 전에 전체 구조의 요소를 하나 더 설명하지 않으면 안 된다.

물질, 정신, 에너지라는 삼원론에 포함되지 않는 또 다른 틀의 존재가 있다는 이야기다.

이 세상이 물질, 정신, 에너지라는 세 종류의 범주로 나뉜다고 설명했다. 세 종류의 상호작용으로 이 세상의 모든 현상이 설명된다. 그렇다면 그것들을 뛰어넘는 또 다른 틀의 존재를 상정할 필요가 없다. 물론 그리스도교나 이슬람교라면 그러한 것을 상정한다. 그것은 그들의 '신神'이다. 또 불교에서도 석가모니의 생각과는 다른 강한 신비로운 존재를 외부로부터 찾는 대승불교라면 역시 그러한 존재를 상정한다. 전형적인 예가 밀교密敎의 대일여래大日如來 등이다. 그러나《구사론》의 세계관은 어디까지나 석가모니 본래의 가르침을 기본으로 하기 때문에 '이 세상에 초월적인 절대 존재 등은 없다'라는 것이 대전제다. 그런데 왜 세계를 만드는 세 요소 이외에 거듭 다른 법을 상정한 것인가? 그것은 도대체 무엇인가?

《구사론》이 말하는 '또 다른 틀의 법'이란, 특별한 역할을 하는 어떤 신비로운 존재가 아니다. 오히려 그것과 정반대로 '절대로 어떠한 작용도 하지 않는 것이 확정된 존재'이다. 그 전형적인 예가 불도 수행을 완성하여 깨달음을 얻은 이의 정신 내부의 평온함이다. 그곳에는 속인俗人이 항상 휘말려 있는 번뇌의 어지러움이 완전히 가라앉고 그러한 번뇌가 다시 일어날 가능성도 없다. 번뇌가 완전히 가라앉은 그 평온함은 '택멸擇滅'이라고 불리며 하나의 독립된 법으로 취급된다. 택멸은 '어떠한 존재'라기보다는 '작용이 정지된 특정 상태'라고 하는 편이 적절한지만, 여하튼 그것이 불교라는 종교의 최종 목표이기 때문에 독자의 법으로 설정되어있다.

택멸은 물질도 정신도 에너지도 아니며 어떠한 작용에도 관계하지 않는 불활성不活性 존재이기 때문에 또 다른 틀로 취급된다. 그 외에도 '또 다른 틀'의 법이 두 개가 있는데 하나는 '공간空間'이고, 다른 하나는 다소 복잡한 정의이지만 '미래에 존재하는 법을 결코 현재로 이행移行할 수 없게 하는 특별한 존재'이다. 이것을 각각 '허공虛空', '비택멸非擇滅'이라고 한다.

허공은 이해하기가 쉽다. 물체가 이동하거나 존재하는 그릇으로서 텅 비어있는 공간 영역이다. 현대의 이미지로 말하면 '절대적인 진공眞空 상태'라는 개념이다(물론 현대 과학에서는 진공도 공허한 것이 아니지만, 여기서는 거기까지 생각하지 않겠다). 이러한 절대 진공 영역은 다른 법에 작용하지 않는 절대불변이다. 그저 거기에 빈 그릇으로서 있을 뿐이기 때문에 변화를 할 수 없다. 그러므로 이것도 또 다른 틀의 법으로 취급된다. 세 번째의 비택멸은 다소 이해하기 어렵다. 그것은 《구사론》의 시간론과 밀접한 관련이 있기 때문에 지금은 다루지 않겠다. 다만 비택멸도 택멸이나 허공과 같이 일체의 작용에 관여하지 않는 특성이라는 것만은 지적해두겠다. 즉 《구사론》에서는 이 세상 존재를 '작용 가능성이 없는 법'과 '작용 가능성을 가진 법'으로 2분할하여, 그중 후자의 '작용 가능성을 가진 법'을 물질, 정신, 에너지로 3분할하여 생각한다.

우리들이 살고 있는 이 세상은 '작용 가능성을 가진 법'만으로 움직인다. 택멸이나 비택멸이라는 특수한 존재는 평범한 사람의 현실 생활과는 인연이 없으며, 허공은 의식하여 생각할 필요도 없을 정도로 당연한 것으로서 주변에 가득 차 있다. 따라서 우리들의 일상생활은 '작용 가능성을 가진 법'만으로 구성되어 있어, 그것과 떨어진 특별한 상태나 특별한 관점을 가진 사람에게만 '작용 가능성이 없는 법'이 중요하게 나타난다. 그것이《구사론》이 말하는 이 세상의 큰 틀이다.

무위법無爲法과 유위법有爲法

여기까지는 불교 용어를 가급적 사용하지 않고 설명했다. 그러나 대강의 설명이 끝나고 지금부터 이야기가 본격화되면서 술어를 사용하지 않고 천천히 나아가는 것은 비효율적이다. 그래서 이쯤에서 기본 용어만 설명하고, 지금부터는 그것을 사용하여 설명하겠다.

우선 이 세상을 크게 두 가지로 구분하는 것은 '작용 가능성이 없는 법'과 '작용 가능성을 가진 법'으로, '작용 가능성이 없는 법'을 '무위법無爲法'이라 하고, '작용 가능성을 가진 법'을 '유위법有爲

法'이라 한다. 이 세상은 대부분 유위법으로 형성되어 유위법의 변화된 형태(變容)에 의해 움직인다. 언뜻 보면 이 세상에는 유위법밖에 없는 것 같이 생각할 수 있다. 그러나 이 세상을 자세히 살펴보면 '절대 작용하지 않는 존재'로서 무위법이 있는 것을 알아차릴 수 있다. 그 수는 겨우 세 개로 택멸과 비택멸과 허공이다. 반면 유위법은 72개나 있다. 겨우 세 개밖에 없는 무위법이지만 그 가운데 불교의 최종 목표인 '번뇌의 영원한 단멸(斷滅)', 즉 택멸이 포함되어 있다. 이 택멸은 다른 이름으로 '열반(涅槃)'이라고도 불린다. 일반적으로 열반이라고 하면 붓다 등 깨달음을 얻은 이의 죽음을 의미한다. 그러나 열반에는 또 하나의 중요한 의미가 있다. 그것이 여기에서 말하는 '수많은 번뇌가 차례차례로 영원히 단멸되어 점차 깨달음에 가까워져 가는' 그 하나하나의 번뇌를 차단하는 단계이다. 따라서 이 의미의 열반이 택멸과 같은 것이다.

무위법이 택멸, 비택멸, 허공의 세 개인 것에 비해, 유위법은 전부 72개나 있다고 했다. 유위법은 물질, 정신, 에너지의 세 범주로 나뉜다. 어떠한 법이 어떻게 나뉘는가 하는 설명은 뒤에 상세하게 하겠지만, 어쨌든 그 72개의 유위법이 우리들이 살아가는 이 세상의 거의 모든 현상을 일으키는 기본 요소이다.

표1-1에 3개의 무위법과 72개의 유위법을 정리해두었다. 그 하나하나의 의미를 지금 이해하기는 어렵겠지만, 일단《구사론》이 생각한 '진정한 실재 요소'가 이렇다는 전체 모습을 이미지로 파악

해주셨으면 한다. 각각의 의미는 차례차례 설명해 나가겠다.

무위법 (無爲法)	허공(虛空) 택멸(擇滅) 비적멸(非擇滅)		
유위법 (有爲法)	색(色)	안(眼), 이(耳), 비(鼻), 설(舌), 신(身) 색(色), 성(聲), 향(香), 미(味), 촉(觸) 무표색(無表色)	
	심(心·의(意), 식(識))		
	심소(心所)	대지(大地)	수(受), 상(想), 사(思), 촉(觸), 욕(欲), 혜(慧), 염(念), 작의(作意), 승해(勝解), 삼마지(三摩地)
		대선지(大善地)	신(信), 근(勤), 사(捨), 참(慚), 괴(愧), 무탐(無貪), 무진(無瞋), 불해(不害), 경안(輕安), 불방일(不放逸)
		대번뇌지(大煩惱地)	무명(無明), 방일(放逸), 해태(懈怠), 불신(不信), 혼침 (惛沈), 도거(掉擧)
		대불선지(大不善地)	무참(無慚), 무괴(無愧)
		소번뇌지(小煩惱地)	분(忿), 부(覆), 간(慳), 질(嫉), 뇌(惱), 해(害), 한(恨), 첨(諂), 광(誑), 교(憍)
		부정지(不定地)	악작(惡作), 면(眠), 심(尋), 사(伺), 탐(貪), 진(瞋), 만(慢), 의(疑)
	심불상응행 (心不相應行法)	득(得), 비득(非得), 중동분(衆同分), 무상과(無想果), 무상정(無想定), 멸진정(滅 盡定), 명근(命根), 생(生), 주(住), 이(異), 멸(滅), 명신(名身), 구신(句身), 문신 (文身)	

표 1-1　75법

2 | 물질의 기본 요소
─ 색법色法

외부세계의 인식기관

물질, 정신, 에너지라는 유위법의 세 가지 범주 가운데 첫 번째 '물질'에 대해서 설명하겠다. 이 물질 영역은 불교 용어로 '색법(色法, rūpa)'이라고 불린다. 색色이란 한자 의미대로 색깔·컬러를 뜻하는 것이 아닌 '물질'을 의미한다.《구사론》보다 훨씬 오래된 석가모니 시대의 원시 경전에는 단순한 물질이 아닌 특수한 범주를 나타냈지만,《구사론》 시대가 되면서 일반화되어 지금 우리들이 생각하는 것과 거의 비슷한 '물질'이라는 개념을 말한다. 복잡한 이야기지만,《구사론》에서는 '색'이라는 용어를 두 종류의 다른 의미로 사용한다. 하나는 지금 말한 '물질'의 의미고, 다른 하나는 눈(眼)이 인식하는 '색채나 형태'이다. 어느 쪽에도 색깔이라는 의미가 들어 있다. 혼란스러워지면 안 되기에 지금은 '색이란 물질이다'라는 정의만 기억해주셨으면 한다. 자세한 것은 뒤에 설명하겠다.

현대물리학에서 물질의 기본 요소는 소립자素粒子이다. 세계를 전자電子나 중성미자(中性微子, neutrino), 또는 쿼크quark 등 몇 가지의 기본적인 소립자까지 환원하여, 그 조합이 모든 물질세계를 구성한다고 생각한다. 그러므로 물질 분류를 표로 정리하면 그것은 다양한 소립자의 리스트가 된다. 이것은 물질을 '원료의 차이'에 따라 객관적으로 구분한 결과이다. 거기에는 인간 존재는 전혀 관련이 없다. 사람이 이 세상에 존재하든 말든 관계없이 '무엇으로 되어있는가?'라는 기준으로 구분하면 당연히 이러한 형태가 된다. 그렇지만 물질의 분류 방법이 반드시 하나만 있는 것은 아니다. 분류란 세계관의 표출이기 때문에, 같은 것도 다른 세계관의 사람이 분류하면 다른 분류가 생겨난다.《구사론》이 말하는 불교의 분류는 독자적인 세계관을 반영하고 있어서 과학과는 전혀 다른 기준에 바탕을 둔다. 그것은 '사람의 인식 작용을 기본으로 한 분류'이다.

우리들 신체에는 다섯 종류의 인식기관이 있다. 눈(眼), 귀(耳), 코(鼻), 혀(舌), 그리고 피부의 촉각觸覺기관이다. 피부의 촉각기관을 불교에서는 '몸(身)'이라고 부른다. 여기에 '피부'는 바깥쪽의 피부만이 아닌 체내의 감각도 포함하기 때문에 '배고픔'이나 '갈증'이라는 요소도 들어있다. 이와 같이 우리 인식기관은 다섯 종류, 즉 안이비설신眼耳鼻舌身이다. 무리하게 불교 용어로 읽을 필요는 없기에 평범하게 '눈, 귀, 코, 혀, 몸'이라고 읽어도 상관없다. 특히 불교 용어로 읽는 편이 좋은 경우에는 따로 표기를 하겠다. 이 다섯 개의 감각기관도 '무엇으로 되어 있는가?'라는 현대적인 분류 기준으로 보면, 역시 소립자의 결합체로 존재하기에 다른 물질과 다르지 않다. 예를 들어 눈은 망막網膜이나 수정체水晶體나 시신경視神經의 집합체로 성립된 물질적 기관이며, 그것은 돌이나 책상 등 무기물無機物과 같은 의미로 '단순한 물질'이다. 그러나 거기에 '사람의 인식작용'이라는 기준을 적용하면 다른 구분이 된다. 즉 이와 같다.

눈이란 무엇인가? 그것은 외부세계(外界)의 '색깔'이나 '형태'를 인식하는 기관이다. 그리고 그 눈이라는 기관의 본질은 물질, 즉 색법色法이다('색이란 물질이다'라는 정의를 떠올려 주십시오). 그럼 그 눈에 의해 생기는 인식은 어디에서 생겨나는가? 그것은 그 생명체의 '마음(心)'에서 생겨난다. 그렇다면 눈은 물질이면서 어느 한 사람 생명체의 특정 마음과 이어져있다는 것이다. 색법으로서 외부세계에 속하면서 마음과 이어져있다는 점에서 눈은 다른 물체와는 전혀 다르다. 돌이나 책상은 어떠한 생명체의 마음과도 이어져있지 않지만, 눈은 누군가의 마음과 이어져있다. 그리고 똑같이 귀도 코도 혀도 몸도 마음과 이어져있다. 즉 이 세상에는 '마음과 이어져있는 색법'과 '마음과 이어져있지 않은 색법'이 있다. 여기에 분류의 선이 그어진다.

이 세상의 색법(물질)에서 마음과 이어져 있는 것은 안, 이, 비, 설, 신 다섯 종류뿐이다. 이 다섯 가지를 '오근五根'이라고 한다. 오근은 외부세계 물질과 접촉하여 자극되면 마음을 여기(勵起, excitation)시켜 거기에 인식을 만든다. 예를 들면 눈이 외부세계에 있는 돌과 접촉해 자극되면 마음에 그 돌의 영상이 만들어진다는 방식이다. 간단히 말하면 '눈으로 돌을 본다'라는 것이다. 여기에서 '눈이 외부세계 물질과 접촉한다'라고 했지만, 눈의 경우 그것이 대상물과 직접적으로 접촉한다는 의미가 아니다. 10미터 떨어진 곳에 있는 돌을 보는 경우, 눈과 돌이 실제로 접촉하는 것이 아니다. 10미터 떨어져 있어도 눈은 독자적인 원격遠隔 작용으로 돌이 가진 '색깔', '형태'라는 요소와 접촉하여 그 정보를 마음에 거두어 들일 수 있다. 귀도 이와 같다. 멀리 '소리(音)'라는 물질이 존재하고 있으면, 귀가 원격 작용에 의해 그 '소리'의 정보를 거두어 들여 마음에 청각聽覺을 만든다.

지금은 빛(전장電場, 자장磁場의 진동振動)이나 음파(공기의 진동)가 먼 곳에서 여기까지 와서 눈이나 귀의 신경을 자극하기 때문에 보거나 듣는 것이 가능하다고 말하지만, 고대 인도에서는 거기까지는 모른다. 무언가 특별한 원격 작용이 있어 그 힘으로 멀리 있는 '색깔'이나, '형태'나 '소리'를 눈이나 귀가 파악한다고 생각했다. 다만 원격 작용이 있는 것은 눈과 귀만으로 코, 혀, 몸의 삼근三根은 대상물과 직접적으로 접촉하지 않으면 인식이 생겨나지 않는다. 코는 '향기(香)'라는 물질과 직접 접촉하여 비로소 냄새의 감각을 만들고, 혀나 몸도 마찬가지다. 멀리 떨어진 물질을 인식할 수 있는 것은 눈과 귀뿐이다.

진정한 실재란 무엇인가?

여기서 주의하지 않으면 안 되는 것이 있다. 우리는 상식적인 인식법으로 인식한다. 예를 들어 '돌을 본다' 하면 우선 돌이라는 물체가 존재하고 그 돌을 보면 '돌의 색깔과 형태'를 인식하고, 그 돌을 만지면 '돌의 감촉'을 인식한다. 즉 '색깔'이나 '형태'나 '감촉'은 모두 돌이라는 하나의 독립된 물체가 지닌 속성에 불과하기에 실재 요소가 아니라고 생각한다. 그러나《구사론》의 물질관은 그 반대다. 실재하는 것은 그 색깔이나 형태나 소리이고 우리는 오근을 사용해 그러한 실재 요소를 인식할 뿐이다. 그것을 '돌'이라는 하나의 실재로 상정하는 것은 각각의 실재 요소를 인식한 후에 마음속에서 발생하는 인위적 조작에 불과하다. 따라서 '돌'은 진정한 실재가 아닌 '가설'이다. 진정한 실재는 각각의 '색깔·형태', '소리', '향기', '맛', '촉감'뿐이다. 즉 오근이 인식하는 다섯 종류의 대상 세계만 실재하고, 그것이 마음에 인식을 만들어낸다. 그러므로 그 다섯 종류의 대상 세계는 각각의 독립된 '법'으로 취급된다(앞서 말한 것과 같이 법이란 정말로 실재하는 존재 요소를 의미한다). 이 다섯 가지 대상 세계를 불교 용어로 색(色, 색깔), 성(聲, 소리), 향(香, 향기), 미(味, 맛), 촉(觸, 촉감)이라 부른다. 정리해 말하면 '오경五境'이라고 한다. 오근에 의해 인식되는 실재 물질이 오경이다(표1-2).

인식하는 물질 (오근·五根)	인식되는 물질 (오경·五境)
안(眼)	색(色)
이(耳)	성(聲)
비(鼻)	향(香)
설(舌)	미(味)
신(身)	촉(觸)

표1-2 오근五根과 오경五境의 대응 관계

다시 한 번 말하지만 진정한 인식대상 물질이란 오근에 각각 자극을 주어 오근에 개별적인 인식을 일으키는 다섯 종류의 외적 요소(五境) 뿐이다. 우리는 그러한 다섯 종류의 인식을 나중에 마음속에서 마음대로 결합시켜 돌이다, 책상이다, 산이다, 강이다 하는 가설 존재를 상정하지만 그것은 법이 아니다. 이것이 '사람의 인식작용'을 기준으로 정의된 인식대상의 세계다.

여기서 잠시 멈춰 '색'이란 말을 다시 한 번 설명한다.

앞에서 '색이란 물질이다'라고 했다. 색깔이라는 의미가 아니다. 안이비설신이라는 오근과 그 대상인 색성향미촉이 전부 '색'이다.

이와 같이 색이라는 말은 넓은 의미로 물질세계 전체를 가리킨다. '인식하는 물질'과 '인식되는 물질'의 양쪽을 모두 포함한다. 그런데 지금 말한 '안이비설신이라는 오근과 그 대상인 색성향미촉이 전부 색이다'라는 문장을 자세히 보면 알 수 있듯이 색이라는 말이 다른 의미로 두 번 나온다. 처음의 '색'은 물질세계 전체를 가리키는 것이 아니라 '눈의 대상이 되는 물질'이다. 바꿔 말하면 '색깔과 형태'인 법이다. 물질세계 전체가 아닌 극히 일부의 영역을 가리킨다. 그러나 이것도 또한 《구사론》에서는 '색'이라고 부른다. 다른 명칭이면 좋았을 테지만 길고 긴 사상사 속에서 우연히 같은 명칭이 붙어버렸다. 색이란 말은 물질세계 전체를 말하기도 하고, 눈의 인식대상이 되는 물질만 가리키는 것도 있다(그림1-1). 만약 혼동하면 설명에 착오가 생기기에 이 점에는 항상 주의가 필요하다. 이 책에서도 혼란이 일어나지 않도록 두 단어를 가려 쓰는 것에 주의할 것이다.

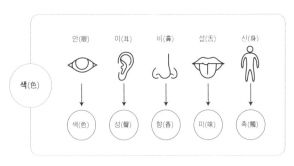

그림 1-1 두 가지 '색色'의 구별

인식하는 물질과 인식되는 물질

이야기를 다시 물질세계의 전체론으로 되돌아오겠다. 인식되는 물질이라는 것이 '돌'이나 '책상' 같은 가설의 물체를 말하는 것이 아니라 각 감각기관에 대응하는 다섯 가지 영역이라고 설명했다. 그럼 인식하는 쪽의 눈이나 귀 자체는 어떠한 존재인가? 몇 차례 말한 것과 같이 눈이나 귀 등의 오근도 모두 색법, 즉 물질이다. 그러나 그것은 '색깔·형태'나 '소리', '향기'와 같은 '인식되는 색법'과는 달리 '인식하는 색법'이다. 여기에 선을 그어 구분할 수 있다. 그럼 다음 질문에 어떻게 대답할 수 있는가? "물질이 인식하는 색법과 인식되는 색법의 두 가지 구분으로 뚜렷이 나누어진다면 인식하는 색법이 인식되는 경우는 없는가? 예를 들어 눈은 인식하는 색법이지만, 그 눈이라는 것을 우리가 실재로 보거나 만지거나 할 수 없는가? 거울을 보면 자신이 자신의 눈을 볼 수 있고, 손으로 안구를 만질 수도 있다. 우리가 눈을 인식하고 있지 않은가? 그렇다면 눈은 인식하는 것과 동시에 인식되는 것도 되기에 위의 두 가지 구분은 성립되지 않는 것이 아닌가?"

이 질문에 대한 대답은 다음과 같다. 우리가 평소 눈이라고 생각하는 것은 실은 눈이 아니다. 눈을 지키기 위한 단순한 토대다. 진짜 눈은 그 토대 내부에 있어 절대로 인식할 수 없는 형태로 존재한다. 안근眼根이란 외부세계의 색깔이나 형태를 인식하는 힘을 가지고 있으나, 자신이 다른 인식기관에 인식되는 일은 절대로 없다. 그 상태로 안구 등의 육체기관 속에 자리 잡은 물질이다. 이근耳根이나 비근鼻根도 마찬가지다. 귓불이나 귓속 기관이 '귀'가 아니다. 그것은 귀의 토대에 불과하다. 그 토대 내부에 진짜 귀가 있다. 진짜 코는 콧속(鼻腔)에 있고, 진짜 혀는 혓바닥의 표면에, 진짜 몸(촉각기관)은 피부의 표면에 결코 인식되지 않는 상태로 설치되어 있다.

예를 들어 외견상으로는 눈에 어떠한 장애도 없으나 사물을 볼 수 없는 사람이 있다. 그것은 안구는 토대로서 건재하나 그 내부의 안근 자체가 손상되었기 때문이라고 설명한다. 지금(현대)이라면 시신경의 기능 문제로 다뤄지지만,《구사론》에서는 그걸 외부세계와 마음을 연결하는 오근이라는 물질의 기능 문제로 다룬다.

정리해보자.《구사론》에서는 물질세계를 '인식하는 물질'과 '인식되는 물질'의 두 가지로 엄밀히 나눈다. 양쪽을 다 지닌 것은 없다. 인식하는 물질이란 육체상에 갖추어진 안이비설신 다섯 종류의 감각기관(오근)이다. 그것은 인식되지 않기에 육체에 갖추어져 있어도 우리가 인식할 수는 없다. 존재하는 것은 알고 있어도 그것을 보거나 만지거나 하는 일은 절대로 불가능하다. 반면 인식되는 물질이란 오근 이외의 모든 물질이다. 그것을 인식기관별로 각각 나누면 '눈에 인식되는 물질', '귀에 인식되는 물질'이라는 상태로 전부 다섯 가지로 구분할 수 있다. '돌'이나 '책상'이라는 세속 호칭으로 불리는 물체를 상정하면 안 된다. 눈에 인식되는 물질이란 눈이 파악하는 '색깔과 형태' 그 자체다. 예를 들어 '색깔'에 대해서 말하자면 그것은 파랑(靑), 노랑(黃), 빨강(赤), 흰색(白)의 네 종류이다. '어떤 물질의 색깔이 파랗다' 하는 것이 아니다. 거기에 파랑이라는 물질이 존재하는 것이다. 그것을 눈이 파악하면 파랑이라는 시각이 마음에 생겨난다. 네 가지 색 각각의 물질이 특정 역할로 섞여있는 상태로 존재하여 그 비율로 섞여진 색깔이 시각으로서 마음에 생겨난다. 예를 들어 '아! 저기 연녹색의 꽃이 피었다'라는 상태로 알아차린다. 그러나 실제로 그곳에 있는 것은 연녹색의 꽃이 아니다. 혼합되면 연녹색으로 보이는 비율로 존재하는 네 종류의 색깔 물질이다. 그리고 전체 구성으로 '꽃의 형태'를 형성하는 다양한 기본적인 '형태물질'의 집합체이다. 형태물질은 길다(長), 짧다(短), 방향(方), 둥글다(圓), 연기(煙), 안개(霧), 그림자(影), 빛(光)이라는 약 15종류의 요소로 되어있다. 그 하나하나가 눈의 대상으로서 색법의 구성 요소이다.

우리 생물의 육체도 오근 이외는 모두 '인식되는 물질' 즉 오경이다. 피부도 근육도 내장도 모두 오경의 구성 요소가 집합된 것으로 오근에 의해 인식된다. 그러므로 그것은 마음과 이어져 있지 않다. 마음과 이어지는 것은 어디까지나 인식하는 쪽의 오근뿐이다. 만일 우리가 오근의 기능을 모두 잃어버렸다면 비록 생명체로서 육체가 존속하더라도, 그것을 자신이 인식할 수는 없다. 그 육체는 오근이라는 마음과의 연결 통로가 차단되어버렸기 때문이다.

이렇게 생각하면 이른바 서양의 '물질', '정신' 개념이 여기에는 들어맞지 않는다. 외부에 오경이라는 무기無機적인 물질세계가 존재하고, 내부에는 마음이라는 순수하게 비물질적인 요소가 존재하고 있다. 그것을 '오경이 물질이다', '마음이 정신이다'라고 구분하여도, 그 오경과 마음의 중간에 존재하는 '오근'이라는 중계물中繼物의 귀속歸屬이 정해지지 않는다. 오근은 색법이기 때문에 틀림없이 물질이다. 그러나 오근이 마음과 하나가 된 상태(一體化)에서 시각이나 청각 등의 마음작용(心作用)이 성립하기 때문에 정신의 일부이기도 하다.

이와 같이 《구사론》에서 말하는 세계를 서양의 '물질', '정신' 개념으로 나눌 수 없다. 외부에 있는 무기적인 물질 영역과 내부에 있는 마음작용의 영역이 오근을 통해 일체화된 전체를 '생명체의 기능'으로 이해할 수밖에 없다.

3 | 물질세계를 구성하는 소립자
― 극미極微

《구사론》의 원자론原子論

오근도 포함한 물질세계에 대해서 원자론原子論으로 더욱 상세하게 설명하겠다. 《구사론》의 물질 개념에는 원자론이 포함되어 굉장히 흥미로운 세계상을 이룬다. 극히 초보적인 표현이지만 원자론은 다음과 같다. 이 세상 물질을 궁극의 구성 요소까지 환원할 때 최종적으로 유한한 종류로 구분되는 기본 입자에 이른다. 간단히 말하면 '모든 물질은 몇 종류의 기본 입자의 조합이다'라는 세계관이다.

불교는 본래 이러한 의미의 원자론을 주장하지 않았다. 불교 최초기 물질관은 '물질은 지地, 수水, 화火, 풍風 네 종류 요소로 이루어져 있다'라는 원소론元素論으로 입자론粒子論이 아니었다. 원자가 어떤 형태로 이 세상의 물질세계를 구체적으로 구성하는지 이론적인 설명은 어떤 것도 없었다. 깊이 생각하지 않았다. 그것이 500년 정도 지나 아비달마철학이 발전하면서 다양하고 세밀한 이론이 고안考案되었다. 그중 하나가 원자론이다.

불교에서 원자를 '극미極微'라고 부르기에 정확하게는 '극미론極微論'이다.《구사론》이 나타내는 극미론은 다른 아비달마철학서보다 명확하고 철저하다. 필시 작자인 세친이 이 문제에 많은 관심을 가진 탓이 아니었을까 생각된다.《구사론》이 말하는 극미론이란 다음과 같다.

이 세상 물질세계는 '인식하는 오근'과 '인식되는 오경'의 열 가지 영역으로 구성된다는 것은 앞서 설명했다.《구사론》에서는 이것들 모두 극미라고 불리는 소립자로 되어있다고 생각한다. 다시 말해, '인식하는 오근'도 '인식되는 오경'도 모두 극미라는 소립자로 되어있다고 생각했다. 극미의 종류는 크게 '1차 기본입자基本粒子'와 '2차 가변입자可變粒子'로 나누어진다. '1차 기본입자'란 물질의 기본 단위를 구성하는 네 종류의 입자로, 어떤 물질도 이 네 종류가 반드시 세트가 되어 나타난다는 점에서 '기본적'인 것이다. 그것이 지·수·화·풍의 네 종류다. 지·수·화·풍이라는 네 종류 극미는 결코 독단적으로 세상에 나타나는 일이 없고, 어떤 물질에도 반드시 네 개가 한 세트로 따라서 나타난다. 이러한 '1차 기본입자'를 '4대종四大種'이라고 한다.

이 4대종과는 다른 '2차 가변입자'가 있다. 거기에는 안근이나 이근이라는 '인식하는 물질'과, 파랑 등 '인식되는 물질'도 포함된다. 그것은 4대종과는 달리 상황에 따라 나타나는 것도 있고 나타나지 않는 것도 있다. 예를 들어 우리들 안구 속에는 안근이라는 극미가 있어서, 그 작용으로 우리는 물건을 볼 수 있다. 그러나 안구 이외의 장소에는 안근이 존재하지 않기 때문에 눈 이외의 장소에는 보는 기능이 없다. 또한 파랑이라는 입자(극미)를 눈으로 파악하여 '파랑'이라는 시각을 마음에 만든다. '달콤함'이라는 극미가 있으면 그것을 혀가 파악하여 '달콤함'이라는 미각이 생겨난다. 4대종의 네 가지 입자 세트가 모든 물질세계에 한결같이 가득 차 있는 것(遍滿)에 비해, '2차 가변입자'는 여러 가지 종류의 극미가 다양한 형태로 나타난다. 이와 같이 '2차 가변입자'가 많은 다양성을 지니고 나타나는 탓에 이 세상 물질세계는 각양각색의 변모를 보인다.《구사론》에서는 이 '2차 가변입자'를 '소조색所造色'이라고 부른다. 물질은 1차 기본입자인 '4대종'과 2차 가변입자인 '소조색'의 복합체로 존재하는 것이다.

가마 이론

그럼 '4대종'과 '소조색'은 어떤 관계인가? 나는 그것을 이해하는 데 편리한 표현으로 '가마 이론'이라고 부른다. 지·수·화·풍이라는 4대종의 극미가 모여 하나의 '가마'를 만들고, 그 위에 소조색의 극미가 한 개 타고 있는 이미지다. 토대가 되는 가마는 반드시 지·수·화·풍 네 개의 입자로 형성되지만, 그 위에 타고 있는 소조색은 여러 가지다(그림1-2).

그림 1-2 '가마' 유닛

실제로는 각 입자가 맞닿는 것 없이 허공에 떠있는 형태로 유닛을 형성한다.

물질이 이 세상에 나타날 때 반드시 이러한 가마 세트로 나타난다. 따라서 '안근'이라는 극미가 있으면, 반드시 지·수·화·풍의 가마 위에 있기 때문에 거기에는 안근과 지·수·화·풍의 다섯 개 입자가 동시에 존재한다. 이근도 비근도 설근도 신근도 똑같이 전부 가마 위에 타서 다섯 개 입자가 한 세트로 출현한다. '파랑'이라는 극미가 있다면 파랑과 지·수·화·풍의 다섯 개 극미다. 눈의 대상인 색깔(좁은 의미에서의 색)에는 파랑, 노랑, 빨강, 흰색이라는 색채의 4원색이나 길다, 짧다, 방향, 둥글다라는 '형태의 요소'가 있다고 설명했는데, 이것들도 모두 소조색의 극미다. 따라서 그것들

1차기본입자 (一次基本粒子) 사대종(四大種)	지(地) 수(水) 화(火) 풍(風)		'가마'의 토대인 신근(身根: 촉(觸))에 인식되므로 '촉(觸)'에 포함된다.
2차가변입자 (二次可變粒子) 소조색(所造色)	안(眼) 이(耳) 비(鼻) 설(舌) 신(身)		인식기능을 지님
	색(色)	파랑(靑), 노랑(黃), 빨강(赤), 흰색(白), 길음(長), 짧음(短), 방향(方), 둥긂(圓) 등	
	성(聲)	유쾌한(快), 유쾌하지 않은(不快), 유정(有情)이 내면 알게 되는 소리, 알 수 없는 소리 등	오근(五根)에서 인식 가능
	향(香)	적당히 좋은 향기, 좋지만 너무 강한 향기, 적당히 나쁜 향기, 과도하게 나쁜 향기	
	미(味)	단 맛, 신 맛, 짠 맛, 매운 맛, 쓴 맛, 떫은 맛	
	촉(觸)	미끄러움, 거칠음, 무거움, 가벼움, 차가움, 배고픔, 목마름	

표 1-3 극미極微의 일람

모두 한 입자씩 가마 위에 타고 있다. 소리(聲)도 향기(香)도 맛(味)도 촉감(觸)도 모두 똑같이 각각의 영역에 포함되는 다양한 성질의 극미가 한 입자씩 가마에 탄다. 예를 들어 소리라면 '유지각적有知覺的 존재를 구성하는 4대종을 발생인發生因으로 하고, 그 발생인이 생물이라고는 알 수 없는 듯한 기분 좋은 소리'라는 굉장히 복잡한 특성을 지닌 몇 종류의 소리 극미가 한 입자씩 가마에 탄다. 향기(香)라면 '적당히 좋은 향기', '좋지만 너무 강한 향기', '적당히 나쁜 향기', '과도하게 나쁜 향기' 네 종류다. 맛(味)은 '단맛',

'신맛', '짠맛', '매운맛', '쓴맛', '떫은맛' 여섯 종류다. 촉감(觸)은 '미끄러움', '거칠음', '무거움', '가벼움', '차가움', '배고픔', '목마름'의 일곱 종류가 있다(표1-3). 이와 같이 4대종의 네 입자로 만들어진 가마 위에 다양한 종류의 소조색이 한 입자씩 타고 있는 이 세트가 물질의 최소 단위다.

극미의 인식

앞서 설명한 것과 같이《구사론》의 물질관은 '인식하는 물질'과 '인식되는 물질' 두 가지로 나뉘며 전자는 오근, 후자는 오경이라고 불린다. 이 구분과 지금 설명한 4대종과 소조색의 '가마 이론'의 관계에 대해서 다시 한 번 확인해두겠다.

우선 가마의 토대를 형성하는 4대종, 즉 지·수·화·풍의 극미는 '인식되는 물질'에 포함된다. 인식기능은 어디까지나 안근 등의 오근뿐이기 때문에 무기적 물질 요소인 4대종이 '인식하는 물질'에 속하는 것은 없다. 그것은 인식대상, 즉 오경에 속한다.

그럼 4대종이 오경에 속한다면 어떠한 인식기관에 의해 인식되는가? 파랑의 극미라면 안근, 단맛의 극미라면 설근에 의해 인식되지만, 4대종의 극미는 어떤 근에 의해서 인식되는 것일까? 4대종의 내용물은 지·수·화·풍이라는 네 종류의 요소이지만, 보면 알 수 있듯이 그 성질은 모두 '촉각'과 관계있다. 《구사론》에서는 이렇게 말한다. "땅(地)의 본질은 단단함, 물(水)의 본질은 축축함, 불(火)의 본질은 따뜻함, 바람(風)의 본질은 움직임이다." 그러므로 4대종이 인식된다면, 그것은 촉각의 감각기관인 신근에 의해 인식되어야 한다. 가마의 토대를 형성하는 지·수·화·풍의 네 가지 극미는 신근의 인식대상인 촉觸의 영역에 속하는 것이다. 가마의 토대는 전부 '인식되는 물질'에 속한다.

다음으로 그 가마 위에 타는 소조색인데, 여기에는 '인식하는 물질'인 오근과 '인식되는 물질'인 오경이 둘 다 있을 수 있다. 가마 위에 안근이 타고 있는 상태를 상상해보면, 그 안근이라는 극미는 '사물을 본다'는 기능을 가지고 있다. 가마 위에 탄 안근이라는 입자가 사물을 보는 것이다. 따라서 그것은 '인식하는 물질'이다. 당연히 자신이 인식되는 것이 아니기 때문에 안근의 극미를 보거나 만져서 알아차리는 것은 절대로 불가능하다. 그러나 그 가마의 토대가 되는 지·수·화·풍은 인식대상이기 때문에 촉각으로 알아차릴 수 있다. 즉 안근의 경우 인식되는 물질인 가마 위에 인식하는 물질인 안근의 극미가 타고 있는 것이다. 이러한 형태의 가마 세트가 안구 속에 수없이 흩어져 있어 그것이 우리들에게 '본다'라는 기능을 주고 있다. 귀도 코도 혀도 몸도 모두 똑같이 가마 세트의 형태로 각각의 장소에 배치되어 있는 것이다.

반면 가마 위에 타고 있는 소조색이 '인식되는 물질'인 경우, 그것은 오경이기 때문에 그 극미는 오근에 의해 인식될 수 있다. '파랑'의 극미가 타고 있으면 그것은 안근에 의해 인식되고, '단맛'의 극미가 타고 있으면 설근에 의해 인식되는 구조다.

정리하면 이와 같다. 물질은 반드시 지·수·화·풍이라는 4대종의 네 가지 극미 입자 위에 어떠한 소립자 극미가 한 개 타고 있는 형태로 나타난다. 4대종 자신은 촉각의 대상이므로 신근에 의해 인식된다. 위에 타는 소립자가 오근의 극미라면 인식하는 기능을 가지고, 오경의 극미라면 인식되는 기능을 가진다. 그러므로 신근을 눈여겨보면 4대종도 인식할 수 있고, 소조색으로 위에 타고 있는 '촉에 속하는 극미'도 인식할 수 있다는 점에서 다른 감각기관보다 기능이 넓다. 덧붙여 말하면 하나의 극미 입자는 그 수가 아주 적어 단독으로는 인식 대상이 될 수 없다. 그러나 그것이 다량 모이면 인식이 가능하다. 모인 밀도에 따라 인식의 명확성이 다르다. 방금 전에 말한 '색깔' 극미의 배합 상태에 따라 다양한 '색깔'로 인식되는 현상도 이러한 극미의 특성으로 이해할 수 있다.

팔사구생八事俱生 수일불감隨一不減

이상으로 극미론의 기초를 설명했다. 지·수·화·풍에 소조색을 더한 다섯 가지 입자 세트가 기본이다. 다음으로 이 기본 구성(이하

'유닛unit'이라고 함)이 나타나는 경우 유닛 간의 관계성에 대해서 설명하겠다.

　예를 들어 가마 위에 '파랑'의 소조색이 타고 있는 유닛을 생각해보자. 이러한 유닛이 단독으로 갑자기 나타나는 일은 없다. 반드시 몇 가지 유닛이 세트가 되어 출현한다. 가마 유닛은 최소의 경우에도 반드시 네 개가 세트가 되어 출현한다. 네 개라는 것은 '눈의 대상이 되는 색의 소조색을 태운 가마', '코의 대상이 되는 향기의 소조색을 태운 가마', '혀의 대상이 되는 맛의 소조색을 태운 가마', '몸의 대상이 되는 촉각의 소조색을 태운 가마'이다(그림1-3).

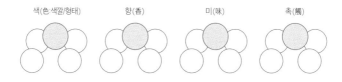

색(色·색깔/형태)　　　향(香)　　　　미(味)　　　　촉(觸)

그림 1-3　4개가 한 세트로 나타나는 극미(전부 8종류 20개)

　이것을 보고 알 수 있듯이 네 개의 가마와 그 위에 각각의 색깔, 향기, 맛, 촉각에 속하는 어떤 소조색의 극미가 타서 전부 20개의 극미 입자가 반드시 동시에 생긴다.

　여기서 이상한 점은 귀의 대상이 되는 소리 소조색을 태운 가마 유닛이 없다는 것이다. 여기에는 이유가 있다. 이 세상에 어떤 물질이 나타날 경우, 반드시 '보다', '맡다', '맛보다', '만지다'라는 네 종류의 인식행동으로 인식할 수 있다. 보려고 하면 눈으로 볼 수 있고, 향기를 맡으려고 하면 코로 맡을 수 있다. 이것을 동시에 할 수는 없지만 임의로 하나의 인식행동을 고르면 반드시 그 방법으로 그 물질을 인식할 수 있다. '어떤 물질이 이 세상에 출현한다' 하는 것은, 다른 말로 표현하면 보다, 맡다, 맛보다, 만지다 하는 네 종류 인식에 대응할 수 있는 형태로 극미의 집합체가 나타나는 것이다.

그런데 음성만은 다르다. 소리는 물질에 따라서 전혀 생겨나지 않는 것도 있다. 소리가 나지 않는 조용한 물체가 있다면 그것은 귀로 인식할 수 없다. 아무리 들으려고 하여도 그 물체의 소리를 듣는 것은 불가능하다. 따라서 '듣다'만은 별개다. 4대종의 가마 위에 소리 영역의 극미가 타고 있는 유닛만은 함께 나타나지 않는 경우가 있다.

이상의 규칙을 정리해보면, 물질세계에는 최소한 색깔, 향기, 맛, 촉각의 소조색을 태운 네 개의 가마가 반드시 세트가 되어 출현한다. 거기에 소리 소조색을 태운 가마 유닛이 있는가 없는가는 상황에 따라 다르지만, 만약 있는 경우에 그 물질은 '소리를 내는 물질'로 인식될 수 있다. 지·수·화·풍의 네 종류 극미와 색깔, 향기, 맛, 촉각이라는 네 종류 소조색의 극미, 총 8종류의 극미가 반드시 하나가 되어 출현해 하나가 되어 사라진다. 그래서 이 원리를 예전부터 '팔사구생 수일불감(八事俱生 隨一不減, 여덟 개가 반드시 동시에 생긴다)'이라고 부른다.

신근의 특수성

'팔사구생 수일불감'의 원리는 어디까지나 이 세상에 물질이 출현할 때의 최소입자를 나타내는 것이다. 오근과 같은 특수한 물질이 아니라 '책상'이나 '돌'과 같이 보통의 무기물에 대해서 말하고 있다. '돌'이나 '책상' 등 우리들이 가설하고 있는 그 본질은 적어도 8종류 20개의 입자로 된 극미 유닛이 무수히 모여서 형성된 극미의 집합체다.

그럼 안근과 같은 생물 특유의 본질이 나타날 때, 가마 유닛에는 어떤 조건이 필요한가? 현실의 눈을 생각해 보면 안근만 단독으로 이 세상에 나타날 수는 없다. 그것은 반드시 안구라는 '그릇(틀)'에 들어있는 형태로 나타난다. 귀나 코 등도 똑같다. 즉 오근의 가마 세트는 절대로 그것만 단독으로 나타나지 않고, 그것을 둘러싸서 보호하는 육체적 그릇을 동반해 생겨난다. 그리고 그 육체적 그릇은 '인식하는 물질'이 아닌 '인식되는 물질'이다. 따라서 그것은 '팔사구생 수일불감'의 원칙에 따라 색, 향, 미, 촉을 태운 네 개의 가마 유닛 세트로 출현한다. 다시 말해 이 세상에 안근이 출현할 때 그 안근을 태운 가마 유닛과 동시에 그 그릇으로 색, 향, 미, 촉 네 개의 가마 유닛도 반드시 생겨난다.

또 하나, 우리 육체를 생각해보면 몸 전체는 피부로 감싸져 있고 모든 곳에 피부감각이 있다. 즉 신체의 모든 표면에 감각기관으로서의 신근이 분포되어 있다. 그것은 안구에도, 귓속에도, 콧속에도, 혀의 표면에도 있다. 신체 표면 전체에 신근이 퍼져있고 군데군데 안구나 귓속 등 특수한 장소에 한해 그 위에 쌓여있는 형태로 안근 등 별개의 근이 존재한다. 바꿔 말하면 안, 이, 비, 설의 4근은 신근 위에 타고 있는 것이다. 따라서 안, 이, 비, 설의 4근이 존재할 때에는 반드시 거기에 신근도 존재하고 있다(그림1-4). 그러나 반대로 신근이 있다고 해서 반드시 4근이 있는 것은 아니다. 손바닥이나 배 등 보통 피부에는 신근밖에 없다. 이러한 이유로 다음의 법칙이 나온다.

안, 이, 비, 설의 4근이 출현할 때에는 반드시 그 그릇으로 색, 향, 미, 촉 네 개의 가마 유닛과 신근의 가마 유닛이 동시에 나타난다. 반면 신근은 그릇으로 색, 향, 미, 촉 네 개의 가마 유닛은 반드시 출현하지만, 안근 등 다른 근의 유닛이 동시에 출현한다고는 할 수 없다(그림1-5).

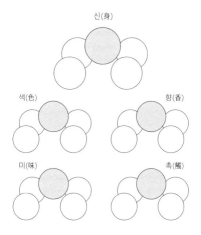

그림 1-4 신근身根의 출현 양식

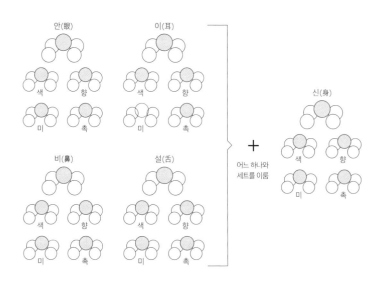

그림 1-5 신근身根 이외의 감각기관 출현 양식

이것으로 물질세계의 설명이 끝났다. 물질에는 앞서 말한 오근五根과 오경五境의 10개 영역 외에 '무표색無表色'이라 불리는 이상하고 기묘한 물질이 상정되는데, 그것은 보통 물질과는 차원이 다른 개념이어서 이 책에서는 설명하지 않겠다. 언젠가《구사론》의 후반부인 '수행 방법'을 설명하는 책에서 자세히 설명할 계획이다.

물질세계를 '인식하는 것'과 '인식되는 것'으로 나누어 생각한 결과, 앞서 설명한 것과 같은 세계상이 나타나는데, 그중 '인식하는 것', 즉 오근이 외부세계로부터 물질적 자극을 마음에 전달하는 중계점으로 위치하고 있다. 그러므로 이후에는 그 오근이 중계하는 곳에 있는 마음의 구조에 대해서 살펴보겠다.

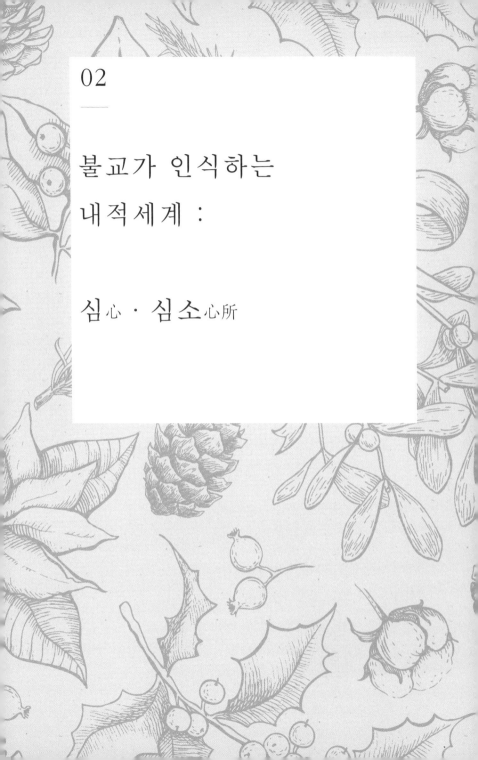

02
—

불교가 인식하는
내적세계 :

심心 · 심소心所

제1장에서는 물질세계의 구조에 대해서 설명했다. 여기서는 제2의 범주로 정신에 대해서 설명하겠다. 다만 앞서 말했듯이 '정신'이라는 개념에는 중계점으로서의 오근도 포함되지만, 여기서는 그 오근을 제외한 순수하게 심적 작용을 일으키는 내부 구조만 설명한다.

　우선 '정신'이라는 말은 불교용어가 아니다. 중국문화에서 유래한 표현이며 영어 spirit의 번역어로 사용하면서 일반화되었다. 정신이란 뭐라 말로 설명하기 힘든 개념인데, '나라는 자아의식을 핵으로 하여 다양한 정보를 수용하고 조작하여 반응하는 기능체'라고 해야 할지? 어떻든 간에 정신이란 표현 속에는 '확고한 자아의 존재'가 상정되어 있다. 그러므로 《구사론》의 사상을 말할 때 정신이라는 말은 사용할 수 없다. 불교, 특히 석가모니의 불교에서는 '무아無我'를 강조해 영원히 지속하는 독립된 자아는 어디에도 없다고 생각하기 때문에 그러한 존재를 상정하는 용어는 적당하지 않다. 제1장에서는 어쩔 수 없이 정신이라는 표현을 사용했지만 이제부터는 사용하지 않겠다. 그 대신에 《구사론》 본래의 용어인 '심心·심소心所'라는 표현을 사용하겠다. 그것이 어떠한 것인가, 어째서 심과 심소로 나누어져 있는가 하는 점을 지금부터 차근차근 설명하겠다. 그리고 지금까지 정신이라는 용어로 애매하게 가리킨 영역을 이제부터는 심·심소라는 불교의 정식용어를 사용해 엄밀히 고찰해가겠다.

1 | 심·심소의 구조

인식의 발생

우선 오근을 생각해보자. 제1장에서 말했듯이 오근은 색(물질)이면서 심·심소에 이어져 있다는 점에서 특수한 위치에 놓여있다. 외부에 있는 인식대상(오경)과 오근이 서로 접촉하면 거기에 반응하여 인식이 생긴다. 그 인식은 물질이 아닌 심·심소의 현상이다. 즉 오근은 외부의 오경과 내부의 심·심소를 잇는 연결점에 있는 특수물질이다. 그럼 그 오근과 오경의 접촉에 의해 생기는 인식이란 심·심소에서 어떤 위치에 놓여 있는가? 이것은 매우 중요하다.

오근이 그 대상인 오경과 접촉하여 생기는 인식 자체를 '심心'이라고 한다. 안근이 외부세계에 있는 파랑의 극미와 접촉하면 우리들 내부에 '파랑이라는 인식'이 생기는데 그 인식 자체를 '심'이라고 부른다. 심이 바로 인식이다. 불교에서는 '인식'이라 하지 않고 단순히 '식識'이라고 부르기에 정리하자면 심이 바로 식이다. 그리고 말이 나온 김에 설명하면 그것은 다른 이름으로 '의意'라고도 불린다. 즉 '심=의=식'이다. 이것은《구사론》의 세계관을 이해하는 데 가장 중요한 규칙의 하나다(어째서 중요한가는 차츰 알게 된다). '심, 의, 식'이라고 외우는 것이 좋다. 이것들은 같은 것을 가리키는 서로 다른 명칭이다. 그 본체는 같지만 보는 법에 따라 명칭을 바꾸는 것이다.

외부세계의 자극이 근이라는 특수한 물질을 통해 식을 여기(勵起, excitation)시키는 것까지 설명했다. 그 식을 다른 이름으로 심 또는 의라고 한다. 그것이 심·심소 가운데 심이다. 그럼 다른 하나인 심소란 무엇인가? 예를 들어 우리들이 달콤한 케이크를 먹는다고 하자. 설근으로 단맛을 인식하는데, 그때 어떤 반응도 없이 그 단맛을 그대로 수용하는 것은 있을 수 없다. 설령 멍하니 '케이크를 먹고 있다' 하는 자각도 없이 먹는 경우라도 우리들 심·심소는 그 단맛을 다양한 면에서 측정하고 여러 경험과 비교하여, 좋고 싫음의 감각으로 때때로 그것에 대한 애착을 일으키거나 혐오감을 일으킨다. 즉 근을 통해 전해지는 자극에 대해 우리들 심·심소는 반드시 수없이 다양한 반응을 일으킨다. 그리고 심·심소와 인식작용의 관계에서, 자극이 근을 통해 여기되는 반응 중 순수한 자극의 투영投影만을 심이라 하고, 투영에 따라 생기는 다양한 개인적인 반응을 심소라고 한다. 따라서 한 번의 자극으로 생기는 심은

한 개뿐이지만, 그것에 따라 생기는 심소의 수는 다양하다. 우리들
이 어떤 한 자극에 대해 동시에 다양한 반응을 보이기 때문이다.

내부세계 투영의 구조

이 심·심소의 구조를 그림으로 표현하면 알기 쉽다. 그것이 그림
2-1과 같다(어디까지나 이 그림은 내가 독자적으로 고안한 것이다. 예
전부터 이 그림이 전통적으로 사용되어 왔을 리는 없다).

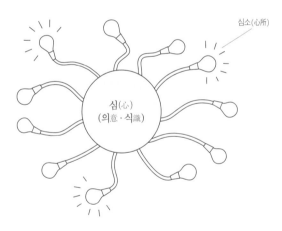

그림 2-1 심·심소 이미지(문어 그림)

다리가 많은 문어와 같은 형태다. 한가운데에 있는 문어 머리가
심이다. 심=의=식이기 때문에 문어 머리는 의 또는 식이라고도 불

린다. 근을 통과한 자극은 문어 머리에 '비춰진 모습(寫像)'을 만든다. 다만 그건 그 사람의 개인적 반응은 포함하지 않는다. 말하자면 '뉴트럴(Neutral, 중립)로 순수한 인식'이다. 그러나 문어 머리에는 다수의 선이 연결되어 있고 그 끝은 꼬마전구 소켓으로 되어있다. 이 그림에서는 간단하게 표현하기 위해서 선의 수를 몇 개밖에 그리지 않았지만 실제로는 40개 이상의 선이 있고 각각 꼬마전구 소켓과 연결되어 있다. 그 꼬마전구 하나하나가 근을 통과한 자극에 대한 개별 반응이다. 이것들을 심소라고 한다.

시간이 멈춘 어느 한순간의 심·심소의 모양을 살펴보자. 예를 들어 내가 외부세계의 조각을 보고 있다고 하자. 그 조각은 당연히 물질의 극미가 집적集積한 것이다. 뒤로 물러나 조각의 전체를 바라보면 극미가 집적된 전체가 안근과 접촉하고, 가까이 다가가 한 부분만 가만히 들여다보면 집적의 일부분만 안근에 접촉한다. 어떠한 것이든 '눈의 대상이 되는 색깔·형태의 극미'가 안근과 접촉하여 그 비춰진 형태를 우리 내부에 만들어 낸다. 그것이 문어의 머리, 즉 심이다.

그러나 우리는 비춰진 모습을 마치 거울이 대상물을 그대로 투영하듯이 무기적이고 단순한 형태로 받아들이지 않는다. 우리는 거울이 아닌 생명체이기 때문에 내부에 비춰진 모습이 만들어지면 동시에 그것에 대해 다양한 반응을 일으킨다. 조각의 비춰진 모습을 둘러싼 자기 자신만의 여러 정보나 생각이나 상념想念이 생긴다. 자신이 특별히 의식하지 않아도 조각이 비춰지는 것과 동시에 좋든 싫든 간에 그것에 수반되는 형태로 생겨난다. 그렇게 반응하는 수가 전부 40개 이상이다. 그것이 심소이다.

다만 그 40개 이상의 심소가 동시에 생기는 일은 결코 없다. 그중에는 서로 정반대의 경향을 가진 것도 있어서, '이쪽이 생기면 저쪽은 절대 생기지 않는다' 하는 배반관계가 성립된다. 따라서 심소가 40개 이상 있어도 어느 순간에 생겨나는 것은 그중 일부다. 조각의 비춰진 형태로서 '심'이 생기면 그것과 동시에 몇 가지 특정 '심소'가 생긴다. 이것을 앞의 문어 그림으로 설명하면, 한가운데 머리(심)가 빛나고, 40개 이상의 꼬마전구(심소) 중에 특정의 몇 가지가 동시에 빛나는 상태다.

이와 같이 《구사론》에서 말하는 심·심소는 근을 통해 들어오는 자극에 대응하여 심이 일어나고, 그것에 부수하는 형태로 몇 가지 심소가 반응하는 구조체이다. 이것이 현대에서 말하는 정신에 해당한다. 불교 특유의 '내적세계' 구조이다.

'시간이 멈춘 어느 한순간의 심·심소의 모양을 살펴보자'고 했다. 그것이 지금 말한 장면이다. 따라서 여기에 묘사되는 모습은 모두 '어느 한순간'에 생겨난 동시진행의 현상이다. 외부세계의 조각과 안근이 접촉하여 만들어 낸 그 심에 반응하여 몇 가지 심소가 생겨난다. 이것은 시간에 따라 그렇게 되는 것이 아니라 어느 한순간에 모든 것이 발생한다. 이러한 작용이 한순간에 전부 동시에 발현하고, 다음 순간에는 또 다른 전체 모습이 나타나는 흐름이다. 불교세계에는 이러한 '한 순간의 완결형(一瞬完結型)'이 아닌, 시간을 따라 순서대로 인식이 나아간다고 생각한 사람들도 있었다. 이점은 견해가 나뉘지만, 어쨌든《구사론》은 인식기능을 '순간형'으로 파악했다는 것을 알아두셨으면 한다.

심·심소는 어디에 있는가?

이 심·심소 구조체는 우리 생명체의 몸속 어디에 존재하는 것인가? 현대인에게 묻는다면 아마 많은 사람들이 '뇌의 내부'라고 대답할 것이다. '정신의 기체基體는 뇌에 있다'는 것이 현대의 표준해석이다. 그러나 2,000년 전의 인도세계에 "우리들의 사고나 감정이 뇌에서 생겨난다"라고 하는 등의 발상은 없었다. 두개골 속에 가득 차 있는 회색의 연체물이 그런 고상한 기능을 한다는 것은 생각도 하지 않았다. 두뇌는 기껏해야 몸의 중심을 잡는 무게추 정도의 기능이었다. 당시 사람들이 생각한 생명체 중심부란 당연히 밤낮으로 쉬지 않고 고동치는 심장이었다. 심장이야말로 생명의 집결점이며 우리 내부세계도 심장이 만들어 낸다고 생각했다. 그런 까닭에 불교계에서도 '심·심소는 심장에 있다'라고 생각한 사람이 있었다.

그러나 《구사론》은 다르다. 이것이 재미있는 점인데,《구사론》에서는 '심·심소는 특정 공간에 존재하지 않는다'라고 생각한다. 왜냐하면 공간이라는 것은 어디까지나 물질이 점유하는 것이며 물질이 아닌 것과는 관계를 가지지 않기 때문이다. 당연하다고 하면 당연한 것이지만, '존재하지만 장소를 가지지 않는다'라는 사고는 상당히 추상성이 높다. 일상적인 통념으로부터 간단히 생겨나는 것이 아니다. 여기에는 《구사론》을 만들어 낸 설일체유부라는 부파의 깊은 철학성이 나타나있다. 그러므로 "심·심소는 생명체의 어디에 있는가?"라는 질문에 "공간적으로 특정할 수 없다"라고 대답할 수밖에 없다. 무리하게 대답한다면 "생명체 전체에 널리 가득 차 있다"라고 말할 수밖에 없다.

그런데 이러한 설명은 현재의 생명관에 대해서도 마찬가지가 아닌가? 우리들은 정신활동 장소를 어떤 특정 장소로 반드시 한정하고 싶다는 유혹에 사로잡혀 무심코 "정신은 뇌 속에 있다"고 말하지만, 잘 생각해 보면 그건 불합리하다. 정신은 우리 육체를 구성하는 모든 부품이 오감을 통해 통합된 곳에 나타난다. 좀 더 말하자면 오감을 자극하는 외부세계도 또한 정신 형성의 한 요소가 된다. 다만 그 통합작용의 많은 부분을 뇌가 하고 있기 때문에 '정신은 뇌에 있다'고 하는 등의 극론極論을 말하는 것이지만, 단순히 그렇게 믿는 것뿐이다. 이러한 의미에서 심·심소의 존재 장소를 특정하지 않는다는 《구사론》의 태도는 이치에 맞다.

2 | 심소를 구성하는 요소

다음으로 40개 이상 존재하는 심소의 내용을 살펴보겠다. 그 하나 하나에 대해서 엄밀한 정의가 정해져 있으나 여기서 전부 소개하는 일은 상당히 번거롭고 의미가 없다. 전문서적을 보면 알 수 있기에 특별히 흥미가 있는 분은 그 쪽을 참고해주기를 바라며 여기서는 대강의 틀만 보겠다.

심소는 그 하나하나가 독립된 법이다. 즉 실재존재라는 것이다. 표1-1의 75법 일람표를 다시 한 번 봐주셨으면 한다. 거기에 심소가 모두 들어 있는데, 몇 가지 구분으로 정리되어 있다. 구분은 크게 나누면 여섯 가지다.

대지법大地法

대선지법大善地法

대번뇌지법大煩惱地法

대불선지법大不善地法

소번뇌지법小煩惱地法

부정지법不定地法

상당히 폭넓은 이름이지만 알기 쉽게 설명해 나가겠다.

대지법大地法

대지법이란 심이 있으면 반드시 함께 생기는 심소를 말한다. 심에 딱 붙어 떨어지지 않는 밀착형 심소이다. 심이라는 것은 우리들이 살아있는 동안 한순간도 쉬지 않고 항상 생겨난다. 자고 있거나 기절해 있거나 어떠한 경우에도 심은 생겨난다. 다만 명상수행을 계속하면 때에 따라서 그 심이 생기지 않게 되어 '심도 심소도 없는 육체만의 상태'가 되기도 하지만, 지금은 그런 특수한 경우는 생각하지 않겠다. 제4장에서 '무상정無想定, 멸진정滅盡定, 무상과無想果'라는 것을 거론하는데, 거기서 이러한 상태에 대해서 설명하기에 자세한 것은 그쪽을 봐주었으면 한다.

평범하게 지내면 심은 언제나 생겨난다. 따라서 그 밀착형 심소도 심을 쫓아서 언제나 생겨난다. 이러한 심소를 대지법이라고 부른다. '근원의 토대가 되는 심소'라는 의미다. 대지법은 10종류가 있다. 그 모두가 모든 순간에 생겨난다. 어떤 사람이든 간에 생긴다. 나와 같은 평범한 사람에게도 생기고, 석가모니와 같은 깨달은 분에게도 생긴다. 따라서 대지법은 그것이 생겨도 어떤 문제도 없는 완전히 뉴트럴한 심소이다.

대지법의 첫 번째는 '수受'이다. '수'란 감수感受 작용이다. 근을 통해 심에 생긴 비춰진 형태를 받아들이는 법이다. 그 안에는 '즐거움(樂)'과 '괴로움(苦)'과 '괴롭지도 즐겁지도 않음(不苦不樂)'의 세 종류 구성물이 들어있다. 예를 들어 무더운 한여름에 차가운 팥빙수를 먹으면 '낙'이라는 '수'가 생긴다. 왜냐하면 그 팥빙수는 내가 '좋아하는(마음에 드는) 성질을 가진 것'이기 때문이다. 반면 눈보라가 내리는 날의 빙설은 같은 차가운 성질이면서 '고'라는 '수'를 만들어낸다. 그것은 그러한 상태의 빙설이 내가 '싫어하는 성질을 가진 것'이기 때문이다. 이렇게 인식기관을 통해 전해진 '좋아하는 성질을 가진 것', '싫어하는 성질을 가진 것', '좋아하지도 싫어하지도 않는 성질을 가진 것'의 정보가 각기 '낙', '고', '불고불락'이라는 '수'를 우리 내부에 만들어낸다.

우리들 생명활동에 불가피한 내적활동을 10종류로 나누어 생각한 것이 이 대지법이라는 심소이다. 다시 한 번 확인하면, 대지법은 어떠한 경우에도 생겨난다. 예를 들어 '수'라면 우리가 숙면을 하는 동안에도 계속해서 세 종류의 '수' 가운데 한 가지가 생겨난다. 우리는 자각하지 않아도 매 순간마다 '낙', '고', '불고불락'이라는 세 종류 가운데 한 가지 감수 작용을 일으키며 살아간다.

'수'라는 심소에 '낙', '고', '불고불락'의 세 종류가 있다고 설명했다. 이것을 통해 알 수 있듯이 하나의 심소라도 그것이 나타나는 법은 구별이 있다. 말하자면 문어 다리 한 개의 끝에 있는 꼬마 전구가 켜질 때 부드럽게 빛나는 경우도 있고, 반짝반짝 밝게 빛나는 경우도 있다는 것이다. 예를 들어 대지법의 여섯 번째에 '혜慧'라는 것이 있다. 한자를 보면 왠지 좋은 뜻으로 생각되지만, 결코 근본적으로 좋은 것이 아니다. 대지법이기 때문에 본질은 뉴트럴이다. 그 정의는 '모든 존재를 분석하는 것'이라고 한다. 그러나 좋지 않은 심소와 함께 생기면, 그 분석에 의해 얻어진 견해는 '잘못된 견해'가 된다. 반대로 좋은 심소와 함께 생기면 '깨달음으로 향하는 지혜의 파워'로 작용한다. 이렇게 하나의 심소라도 다른 심소와의 상호 관계 속에서 다른 성질을 가진다. 심소의 작용은 반드시 그것과 동시에 생겨나는 심과 다른 심소와의 상호작용 속에서 결정된다. 그러나 어떠한 꼬마전구가 켜지더라도 심이 거기에 있는 한 10개의 대지법 심소의 꼬마전구가 꺼지는 일은 없다.

대지법 중에 특히 중요한 것을 하나만 더 소개하겠다. '사思'라는 심소이다. 사란 '의도를 가지고 동작하는 것'을 말한다. 즉 '의사意思 작용'이다. 왜 이것이 중요한가 하면 '업業'의 발생원이기 때문이다.

인도사회에는 업이라는 독특한 인과관因果觀이 있다. '좋은 일을 하면 미래에 좋아하는 일이 생긴다', '나쁜 일을 하면 반드시 싫어하는 일이 생긴다' 하는 인과응보의 사상이다. '나쁜 일을 하면 지옥에 떨어진다'라는 생각이 그 전형적인 예다. 이것은 불교가 생기기 전부터 인도사회에 널리 정착해 있던 개념인데 불교도 그것을 받아들인 것이다. 다만 단순히 '좋은 일을 하면 좋은 일이 생기니까 매일 좋은 일만 해야지' 하는 교훈이 아니다. 불교는 그것을 매우 특별한 윤리관으로 파악했다.

"좋은 일을 하면 그 업의 결과로서 미래에 좋아하는 곳에서 태어난다. 나쁜 일을 하면 싫어하는 곳에 태어난다. 어느 쪽을 하건 업은 어딘가 다른 태어남으로 끌고 간다. 그러나 그렇게 해서 계속 다시 태어나는 것 자체가 괴로움의 근원이기 때문에 업은 선이든 악이든 간에 절대적인 의미에서 나쁜 것이다. 때문에 모든 업의 영향력으로부터 벗어나 두 번 다시 태어나는 일이 없는 정적靜寂의 상태를 지향해야 한다. 그것이야말로 불도수행의 길이다."

이것으로 보아 불교에서 업은 최대의 관심사이며, 업의 파워를 어떻게 극복할 것인지가 불교의 첫 번째 과제이다. 우리들을 미래의 다시 태어남으로 끌고 가는 업의 힘으로부터 어떻게 벗어날 수 있는가? 거기에 석가모니가 설한 불교의 안목이 있다. 그리고 업의 본성이 '사'라는 심소이다.

'사'는 의사 작용이기 때문에 무언가 하려고 마음먹는 순간 강하게 작용한다. 대지법이기에 항상 작용하지만, 특히 무언가 하려고 마음먹은 때에 그 파워가 강해진다. 만약 그것이 텔레비전 전원을 켜거나 기차표를 사는 좋은 것도 나쁜 것도 아닌 행위라면 아무 문제없지만, 난처한 상황의 어르신을 도와주거나 은행 강도를 하려는 좋고 나쁨이 확실한 행위를 하면 그때 '사'가 업을 만든다. 어떻게 만드는가 하면 생각을 가진 것만으로 생각에 의해 업이 만들어지고, 실제로 행위를 하면 이번에는 '사'가 행동을 하는 신체나 말에 의해 영향을 받아 업이 만들어진다.

어떠한 형태든 업의 주체는 '사'이다. 그리고 '사'가 업을 만들면 그 파워는 특수한 원격력遠隔力으로 미래에 생겨나는 미래의 일을 결정한다. 업은 미래 일의 예약권이다. 좋은 업은 좋아하는 결과를 예약하고, 나쁜 업은 싫어하는 결과를 예약한다. 어디까지나 예약이기 때문에 결과가 나타난 것은 아니다. 그러나 일단 예약된 이상 언젠가 반드시 그 결과는 나타낸다. 은행 강도를 한 경우 '사'가 업이 되어 지옥에 떨어지는 일이 예약되고 그것이 언젠가 반드시 실현된다는 시스템이다. 업의 예약 시스템을 혼자 담당하는 것이 심소의 '사'이다. 업의 선악에 대해서는 이후의 '대선지법大善地法' 부분에서 보다 상세하게 설명하겠다. 지금은 대지법의 하나인 '사'가 그 본성이라는 것만을 지적해두겠다.

대선지법大善地法

두 번째 심소인 대선지법大善地法이란 '좋은 심'이 반드시 데리고 있는 심소이다. 이것도 10가지다. 대선지법의 10종류 심소는 앞의 '대지법'과 똑같이 어떠한 경우에도 반드시 한 세트로 생겨난다. 다만 대지법과 같이 항상 생기는 것은 아니다. 따라서 생길 때는 반드시 한꺼번에 생기고, 생기지 않을 때는 하나도 생기지 않는다.

대선지법은 좋은 심에 동반되어 생겨난다. 그럼 대선지법을 동반하는 '좋은 심'이란 무엇인가? "좋은 심이라고 하면 당연히 좋은 것을 생각하는 마음이다" 하는 것은 현대인의 대답이다. 《구사론》과 같은 불교철학에서는 사소한 부분까지 모두 정의定義되어 있다. 《구사론》이 말하는 '좋은 심'이란 여기서 말하는 10종류의 대선지법 심소를 동반한 심이다. 왠지 다람쥐 쳇바퀴 돌 듯 들리지만 문어 그림으로 생각해보면 쉽게 알 수 있다.

한가운데 문어 머리가 심이다. 이 심이라는 것은 근으로부터 들어오는 자극을 그대로 투영하여 비춰진 뉴트럴한 모습이기 때문에 그 자체에 좋거나 나쁜 구별이 없다. 파랑의 극미를 보면 단순히 파랑의 극미가 비춰진 모습뿐이고, 케이크를 먹으면 단맛의 비춰진 모습이 투영된다. 그것뿐이다. 그렇기 때문에 본래는 좋은 심, 나쁜 심은 있을 수 없다. 그러나 심에는 반드시 어떤 심소가 달라붙어있다. 바로 문어 다리의 꼬마전구이다. 그 가운데 '좋은 성질을 지닌 심소'와 '나쁜 성질을 지닌 심소'와 '뉴트럴한 심소'가 있어서 어느 심소가 어떠한 조합으로 생기는가에 따라 심의 본체도 선이 되거나 악이 되거나 뉴트럴이 된다. 근묵자흑近墨者黑의 상태인 심을 심소와 일체화하여 '좋은 심', '나쁜 심', '뉴트럴한 심'이라고 부르는 것이다.

그리고 이 대선지법의 10종류 심소야말로 우리들이 '좋은 심'을 일으키기 위한 필수 아이템이다. 대선지법을 동반해 생기는 심이 '좋은 심'이며, '좋은 심'이라 하면 반드시 대선지법이 거기에 수반되어 있다.

'좋음', '나쁨'이라는 표현이 나왔기에 잠시 이야기가 벗어나지만 여기서 불교의 선악관善惡觀에 대해서 설명하겠다.

과학적 세계관을 말할 때 '좋음'이나 '나쁨'이라는 기준은 생소하다. '좋은 블랙홀'이나 '좋은 원소'라는 표현은 없다. 그러나 같은 과학 분야에서도 그것이 과학기술이 되면 '좋은 발전發電 방법'이나 '좋은 방사선'이라는 가치판단이 생긴다. 왜냐하면 그것들이 우리 자신의 현재 상태에 영향을 미치기 때문이다. 자기 자신의 생활에 직접적으로 관련될 때 우리는 고찰 대상에 '좋음'이나 '나쁨'이라는 가치판단을 붙여 취급하게 된다. 불교란 우리 상태를 현재

보다 좋은 방향으로 바꿔가기 위해 존재하는 종교이기 때문에 당연히 '좋은 것'과 '나쁜 것'으로 가치 기준이 구분된다. 불교 목적에 도움이 되는 것은 '좋은 것'이고, 그것을 방해하는 것은 '나쁜 것'이다. 그럼 그 '불교 목적'이란 무엇인가?

갑자기 본질적인 이야기가 되었는데, 이것은 심소를 말하기 위해서는 피할 수 없는 의론이다. 석가모니가 생각한 불교의 목적은 결코 일반적인 의미에서 '착한 사람이 되는 것'이 아니다. 불교의 목적은 심·심소 내부의 나쁜 요소를 모두 끊어 세상을 바르게 보는 투철한 지혜를 갖는 것이다. 심·심소 내부의 사악한 요소를 번뇌煩惱라고 한다. 번뇌가 심·심소 내부에 결코 일어나지 않도록 자기 개선을 하면 그 결과 최고의 지혜가 얻어진다. 그럼 그 최고의 지혜가 얻어지면 어떻게 되는가 하면, 우리는 지혜 덕분에 어리석음으로 인한 잘못된 행위를 하지 않게 된다. 그리고 잘못된 행위를 하지 않으면 업의 속박으로부터 벗어날 수 있다.

'사'의 설명에서 말했듯이 업을 만들면 그것이 가진 '특수한 힘'에 의해 우리는 죽어도 죽어도 다음 생에 다시금 태어나게 되어있다. 즉 윤회輪廻한다. "윤회하여 몇 번이고 다시 태어나는 것은 행복하지 않은가?"라고 하는 사람도 많지만, 석가모니는 그것을 당치도 않은 궁극의 괴로움이라고 생각했다. 태어나고 다시 태어나도 다시 나이를 먹고 병들어 괴로워하다 죽는다. 이 세상에 구세주 등은 없기 때문에 몇 번이고 태어나도 누구도 구해주지 않는다. 그런 무한한 굴레의 사이클이 끝없이 계속된다면 이보다 괴로운 것은 없다. 만약 이 세상에 궁극의 안락이 있다면, 그것은 윤회의 괴로움을 끊고 두 번 다시 태어나는 것 없이 시간의 흐름으로부터 이탈해 한결같이 평온한 상태가 되는 것이 아닐까. '고요히 안정하는 것', 이것이 석가모니가 지향한 최종 목표이다.

심·심소에 포함되어 있는 번뇌를 끊고 업의 인과관계로부터 탈출하여 윤회의 굴레를 멈추는 것이 불교의 목적이기 때문에 그것에 도움이 되는 것이 선이다. 그것만이 선이다. 윤회를 멈추는 일에 도움이 되지 않는 것은 모두 선이 아니다. 예를 들어 언덕길에서 무거운 수레를 "영차 영차" 소리를 내며 끌고 올라가는 노인이 있다고 하자. 이 사람을 도와주는 것은 세간世間적으로 말하면 선이다. 그건 누구라도 그렇게 생각한다. 그러나 석가모니의 관점에서 말하면 그건 선이 아니다. 왜냐하면 사람을 도와주는 것은 좋은 업을 쌓는 일이기 때문이다.

업이라는 것은 그것이 선업이든 악업이든 반드시 윤회의 원동력으로 작용한다. 그 노인을 도와 뒤에서 수레를 밀어주면 밀어준 쪽의 사람은 선업이 증가하고, 그 덕분에 내세에는 행복한 천상계天上界에 태어날지도 모른다. 그러나 천상에 태어나 신이 된다 하더라도 어차피 윤회의 한 부분에 지나지 않기에 시간이 지나면 수명이 다해 괴로워하며 죽고 다시 다른 곳에 태어나게 된다(신도 보통의 생명체이다). 결국은 남을 돕는 것이 윤회를 돕는 것이다. 따라

서 그 일도 윤회를 멈추는 데에는 도움이 되지 않기 때문에 선이
아니라는 것이다. 다시 말해, 일반 사회에는 도덕적인 선악이 있어
누구나 인정하는 공공의 기준으로 '좋은 것'과 '나쁜 것'이 정해져
있다. 물론 속세 안에도 다양한 가치관이 있어 선악의 정의가 일원
적으로 정해져 있을 리가 없다. 그러나 난처한 상황의 어르신을 도
와주는 것은 일반적 통념에 따르면 틀림없이 '선'이다. 그리고 세
상 인과법에 따르면 좋은 일을 하면 좋은 업이 증가하여 그 파워에
의해 미래에 좋아하는 결과를 얻을 수 있고, 나쁜 일을 하면 싫어
하는 결과를 받아야만 한다. 그러나 그 좋아하는 결과라는 것은 어
디까지나 세속적인 차원의 이야기다. 예를 들어 내세에 편안한 곳
에 태어난다거나 부자가 된다는 이야기다. 싫어하는 결과의 대표
적인 예는 지옥에 떨어지는 것이다.

　우리는 평소 이러한 가치관의 세계에서 살아가고 있다. 그러나
이러한 세계에 틀어박혀 있는 이상 아무리 시간이 지나도 윤회의
굴레를 끊을 수 없다. 좋은 일을 해도 나쁜 일을 해도 윤회는 멈추
지 않는다. 그러므로 "윤회의 멈춤에 도움이 되는 것만이 선이다"
하는 불교 본래의 기준에서 말하면 어느 쪽도 악이다. 불교적 기준
에서 말하면 번뇌를 끊기 위해 행하는 특별한 트레이닝의 길, 세상
에서 말하는 '불도수행'이 진정한 선이며, 또한 그 불도수행의 끝
에 있는 '열반'이야말로 궁극의 선이다.

　여기에는 상당히 특수한 선악의 이중구조二重構造가 설정되어

있다. 대승불교가 되면서 이 이중구조가 무너지고 '부처가 되기 위해 세속적인 선행을 쌓는 보살菩薩'이라는 이미지가 선명하게 내세워지게 되지만, 석가모니 본래의 불교에 그러한 성聖과 속俗의 절충성은 찾아볼 수 없다. 세속적인 선악과 번뇌를 끊고 윤회를 멈추기 위한 진정한 선이 명확하게 구분되어져 있었다.

　이러한 것을 말하면 "어떻게 길에서 난처한 상황에 처해있는 사람을 보아도 도와주지 않는다는 냉혹한 말을 하는가"라고 비판할지도 모른다. 그러나 결코 '도와주지 말라'는 뜻이 아니다. 그것이 선업이 되는 상태에서 도와줘서는 안 된다는 말이다. 우리들이 선업이나 악업을 만드는 그 원동력은 대지법 중에 '사', 즉 '의사작용'이라고 했다. 그것이 극도로 강하게 작용할 때 선업, 악업을 만든다. 따라서 강한 의사작용을 일으키지 않고 일을 행할 수 있다면 무엇을 하더라도 문제없다. '아! 난처한 사람이 있다. 내가 나서서 힘을 나누어 도와주어야겠다. 좋은 일을 해야겠다' 하는 강한 생각을 지니고 있으면 '사'가 선업을 만든다. 그러한 것을 전혀 생각하지 않고 걷거나 앉거나 하는 것과 같은 상태로 수레를 밀면 업이 되지 않는다. 업과 관계없이 행해지기에 아무리 그러한 행동을 많이 쌓아도 자신의 미래에는 전혀 관계되지 않는다. 천상계에 태어나는 것도 부자로 태어나는 것도 없다. '선의善意의 자각이 없고 보답도 기대하지 않는다. 그런 상태로 자기를 유지하는 것이 가능하다면 얼마든지 하십시오'라는 것이다.《구사론》은 '선'이라는 말이 지닌 달콤한 허영의 베일을 철저하게 벗겨낸 곳에 진정한 선이 있다고 보았다.

선악의 이중구조를 설명했다. 메인은 두말할 나위 없이 고차원의 선, 즉 번뇌를 끊는 것에 도움이 되는 것이다. 그럼 여기서 심소의 설명으로 돌아오면, 첫 번째가 대지법이고 두 번째가 대선지법이었다. 대선지법은 '반드시 좋은 심과 함께 생겨나는 10종류 심소'였다. 여기서 다시 한 번 그 '좋은 심'의 '좋은'이라는 의미를 확인하지 않으면 안 된다. 그것은 세속적 의미에서 선인가? 아니면 고차원의 선인가? 대답은 "둘 다 포함한다"이다. 우리가 불교에 대해서 아무것도 모르고 평범하게 생활하고 있다고 하더라도 '좋은 심'은 생겨난다. 다만 그때는 이 세상의 본질을 통찰하는 지혜가 결여되어 있어 '번뇌를 멸하고 열반에 도달하는 것이 바른 길이다' 하는 자각이 없기에, 단순히 '좋은 일을 해서 좋았다', '나쁜 일을 해서 위험했다' 하는 기분만으로 살아간다. '번뇌와의 관계를 끊자'라는 불교의 바른 길에 들어서지 않은 상태를 '유루有漏'라고 부른다. 그러므로 세속적 의미에서 '선한 마음'은 '유루의 선심'이라고 불린다. '유루의 선심'은 업을 만들기에 윤회의 원동력이 된다. 세간적으로는 좋은 일이지만 불도수행의 입장에서 말하면 바람직한 것은 아니다. 물론 유루의 선심에서 출발해 머지않아 불도수행의 길로 들어서기 때문에 토대가 되는 유루의 선심은 큰 가치가 있지만, 거기에 머물러 있는 이상 완전히 번뇌를 지우는 것은 결코 있을 수 없다.

그에 비해 일단 불도의 본질을 통찰하여 "번뇌를 지우는 것이야말로 진정한 바른 길이다"라고 자각한 자는 번뇌를 지우기 위한 길에 들어선다. 그러한 상태는 '유루'의 반대로 '무루無漏'라고 한다. 그러한 사람이 일으키는 '좋은 마음'이 '무루의 선심'이다. 누구나 일으키는 유루의 선심이 아닌 불도수행을 통해 얻을 수 있는 무루의 선심을 일으켜 점차 번뇌를 지워나가 결국에는 윤회하지 않는 존재가 되는 것, 그것이 불교의 기본적 골격이다. 따라서 '무루의 선심'을 일으켜도 업은 증가하지 않는다. 반대로 업의 영향을 감소시키는 데 도움이 된다. 그리고 그것이 최종적으로 윤회를 멈추게 한다(《구사론》에는 '무루업無漏業'이라고도 부른다. 그러나 이 업은 결코 세속적인 선업, 악업이 아니다. 단순히 '무루한 심소나 그것에 수반되는 작용'이라는 의미다). 이와 같이 선심에는 유루, 무루의 구별이 있으나 어느 쪽이 생기는 경우에도 반드시 10종류의 심소가 수반된다. 그것이 대선지법이다.

대번뇌지법大煩惱地法

대지법과 대선지법을 소개했다. 다음은 대번뇌지법으로 여섯 가지가 있다. 대번뇌지법이라는 이름을 보면 틀림없이 나쁠 것 같다. '분명 나쁜 심에 동반되어 일어나는 심소일 것이다'라고 추측되는 분은 매우 훌륭하지만 아쉽게도 조금 틀리다. 물론 나쁜 심에 부합되는 것이지만 뉴트럴한 심과 함께 생겨나는 것도 있다. 그 구조를 조금 설명하겠다. 복잡한 이야기는 아니다.

불교는 심·심소의 상태를 선, 악, 뉴트럴로 나눈다. 선악의 개념이 세속적 선악과 고차원의 선이라는 이중구조로 되어있다는 것은 앞서 설명했다. 여기서 용어를 조금 수정하겠다. 지금까지 '좋은 심·심소, 나쁜 심·심소, 뉴트럴한 심·심소'라는 표현을 사용해왔으나, 설마《구사론》에서 '뉴트럴'이라는 용어가 나올 리가 없다. '뉴트럴'은 불교용어로 '무기無記'라고 한다. '선으로도 악으로도 설명할 수 없다'는 의미다. 그러므로 선도 악도 아닌 심·심소는 '무기의 심·심소'라는 것이다. '선, 악, 무기'의 세 가지 분류로 기억해두셨으면 한다.

다시 정리해보겠다. 심·심소에는 '선, 악, 무기'의 세 종류의 상태가 있다. 심 자체는 자극의 단순한 비춰짐이기에 선도 악도 아니다. 원리적으로는 무기다. 거기에 여러 심소가 다양한 상태로 따라서 생겨난다. 그 심소가 생겨나는 법에 '선, 악, 무기'의 세 종류가 있다. 예를 들어 대선지법의 10종류 심소가 세트가 되어 생겨날 때 심·심소는 전체적으로 선이라고 말한다. 악의 조건이 되는 심소가 부수되면 그 심·심소는 악이다. 선·악 어느 쪽의 심소도 생겨나지 않은 경우는 뉴트럴, 즉 무기의 심·심소이다. 그 가운데 선의 심·심소에는 두 종류가 있다. 세속적 차원의 선한 심·심소와, 고차원에서의 선한 심·심소이다. 물론 불교용어로 말하면 유루선의 심·심소와 무루선의 심·심소이다.

　반면 무기는 뉴트럴, 즉 중성이기에 특별한 것을 생각하지 않고 담담히 보내고 있는 상태를 가리킨다. 우리가 매표소에서 지하철 표를 살 때 심·심소는 무기다. 그건 선도 악도 아니다. 여기까지는 쉽게 알 수 있다. 그런데《구사론》에서는 무기를 다시 두 개로 나누어 생각한다. '악에 가까운 무기'와 '정진정명正眞正銘의 무기'다. 무기라고 하면 중성인데 악에 가까운 무기라는 건 이상한 이야기다. '악에 가까운'이라면 악이 아닌가 하고 생각된다. 확실히 그렇기는 하지만 심·심소 중에는 업을 만들어 윤회를 하게 할 정도로 강력하지는 않지만, 무루의 선심이 생기는 것을 방해하여 불도 수행을 훼방하는 아주 약한 번뇌가 있다. 전형적인 예가 "나의 아我는 실재한다"라는 잘못된 견해이다. 이것을 '유신견有身見'이라 한다. 많은 사람들은 '나라는 존재는 틀림없이 실재한다'라는 유신견에 사로잡혀 살아가고 있다. 그것은 결코 나쁜 심·심소는 아니지만 무아無我를 설하는 불교의 가르침에 역행하는 잘못된 생각이다. 이 견해에 사로잡혀 있는 한 무아라는 진리는 볼 수 없다. 즉 불도수행의 장애물이다.

이와 같이 악이라고 할 정도는 아니지만 불도수행을 위해서는 반드시 지우지 않으면 안 되는 바람직하지 않은 상태의 법을 같은 무기에서도 '유부무기有覆無記'라고 한다. 이것이 '악에 가까운 무기'다. 번뇌의 덮개에 싸인 무기라는 뜻이다. 지금 말한 유신견은 심소의 법에서 말하면 대지법 가운데 '혜慧'에 속한다. 앞서 말했듯이 하나의 심소라도 다른 법과의 연관성 속에서 다양한 상태를 지니게 되는데, 유신견은 혜가 '자신에게 고집하여 일을 생각하는' 상태가 되어있을 때의 명칭이다. 그리고 유신견 상태의 혜가 생기면 그때의 심·심소는 전체적으로 '유부무기의 심·심소'라고 불린다.

이에 비해 단지 순수하게 뉴트럴 상태로 지내는 이의 심·심소는 '무부무기無覆無記'라고 불린다. 유신견과 같은 잘못된 견해를 지니지 않은 사람이 평범하게 걷거나 이야기하거나 하는 때의 심·심소는 '무부무기'다(그림2-2).

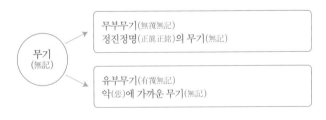

그림 2-2 두 종류의 무기無記

두 종류의 무기에 대해서 설명했다. 유부무기는 말하자면 심소에 희미한 번뇌가 생겨 다소 악에 가까운 뉴트럴 상태를 말하고, 무부무기는 완전한 뉴트럴 상태이다. 여기서 주의해야 할 것은 유부무기의 '희미한 번뇌'는 결코 '약한 번뇌'가 아니라는 것이다. 오히려 반대로 희미한 번뇌인 만큼 끈질기게 늘 따라다닌다. 누가 보아도 확실히 알 수 있을 정도의 나쁜 번뇌라면 힘껏 노력해 부술 수도 있겠으나, 있는지 없는지 알 수 없을 정도로 유연한 번뇌라면 파악할 수가 없다. 그러므로 불도수행에서는 악한 번뇌보다도 유부무기의 번뇌가 나중까지 남기 때문에 그것을 지워야 비로소 진정한 깨달음에 이를 수 있다고 한다. 당시 불도수행자가 사람의 심리를 자세히 관찰했다는 증거이다.

드디어 이걸로 대번뇌지법의 설명을 할 수 있게 되었다. 대번뇌지법이란 악한 심·심소와 그리고 유부무기의 심·심소에 반드시 부수되는 여섯 종류의 심소이다. 여섯 종류는 무명無明, 방일放逸, 해태懈怠, 불신不信, 혼침昏沈, 도거掉擧이다. 이 여섯 개는 반드시 한 세트가 되어 생겨난다. 이때 심·심소 전체가 '악한 심·심소'나 또는 '유부무기의 심·심소'라고 불린다. 악과 유부무기를 하나로 합쳐 부르는 게 편리하기에 다음과 같은 명칭도 있다. 악과 유부무기를 합쳐 '염오染汚'라고 부른다. 따라서 대번뇌지법은 염오의 심·심소에 반드시 부수하는 여섯 종류의 심소라고 바꿔 말할 수도 있다. 그러나 지나치게 전문용어만 사용하다보면 오히려 혼란스럽기에 이 책에서는 지금까지와 같이 '악', '유부무기'라는 두 가지로 설명하겠다. 외우고 싶은 분들은 "그 두 가지를 합쳐 염오라고 부른다" 하고 외워 두면 된다.

결국 우리에게 좋지 않은 상태를 가져오는 '악', '유부무기'의 여섯 가지 심소는 모두 '번뇌'이다. '108번뇌를 없앤다'라는 말과 같이 상당히 친숙한 '번뇌'라는 단어의 정체가 이것이다. "번뇌란 무엇인가?"라는 의문에 대한 구체적인 설명이다. 다만 번뇌는 이것만이 아니다. 108개나 있기 때문에 당연히 아직 다른 것들도 있다.

본서는 어디까지나 《구사론》이 말하는 세계관, 우주관을 소개하는 것이기에, 번뇌를 지우기 위한 수행 방법까지는 다루지 않는다. 그렇기 때문에 번뇌 하나하나를 설명하지 않겠다. 다만 대강의 틀만은 간단하게 설명해두겠다. 《구사론》에서는 번뇌에 근본적 번뇌와 부수적 번뇌로 상하 두 종류가 있다고 한다. 근본적 번뇌를 '수면隨眠'이라 하고, 부수적 번뇌를 '수번뇌隨煩惱'라고 한다. 불도 수행의 바른 길은 근본 번뇌인 수면을 지우는 것으로, 수번뇌는 수면을 지우면 저절로 소멸한다. 수면이라는 번뇌는 전부 여섯 가지다. 나열하면 탐貪, 진瞋, 치癡, 만慢, 의疑, 견見이다. 이 여섯 종류를 단계별로 조금씩 지워나가 최종적으로는 두 번 다시 일어나지 않는 완전 소멸 상태에 이른다. 거기에 깨달음의 경지가 있다.

그런데 여섯 종류의 수면이 대번뇌지법과 같을 리가 없다. 수면과 대번뇌지법은 정의가 서로 다른 별개의 분류다. 대번뇌지법은 '나쁜 심'이나 '유부무기의 심'이 생길 때 반드시 부수되어 생겨나는 번뇌계의 심소를 의미한다. 즉 자주 생겨나는 번뇌다. 그러나 자주 생겨난다고 해서 그것이 근본 번뇌는 아니다. 여러 가지 다른 번뇌의 '근본'이면서 자신은 가끔 얼굴을 내미는 정도의 번뇌는 얼마든지 있을 수 있다. 그러므로 대번뇌지법 중의 대부분은 수면이 아닌 수번뇌이다. 그리고 수면은 대부분 뒤에 설명할 부정지법(不定地法, 그때그때의 다양한 상황에 따라 생겨나는 심소)에 포함된다. 부정지법에 포함되는 수면은 탐, 진, 치, 만, 의, 견 중에 탐, 진, 만, 의 네 가지다. 남은 두 개 중에 '치'는 다른 이름으로 '무명'이라 하고 이건 대번뇌지법에 포함된다. 따라서 치는 수면과 대번뇌지법 양쪽에 속하는 유일한 경우다. 그리고 마지막 '견'은 앞에서 설명한 대지법의 하나인 '혜'가 좋지 않은 상태를 취할 때의 명칭이기에 본질은 '혜'이다.

다소 설명이 번거로웠으나, 어떻든 대번뇌지법을 수면과 혼동하여 '근본 번뇌'라고 잘못 이해하지 않도록 주의해야 한다. 어디까지나 대번뇌지법은 자주 생겨나는 번뇌를 말한다.

대번뇌지법의 하나이며 동시에 수면의 하나이기도 한 무명이야말로 번뇌의 두목이다. 무명이란 우리가 세상만사를 바르게 관찰하고 바르게 이해하는 것을 방해하는 악질적인 어리석음을 가리킨다. 그리고 무명이 괴로움의 가장 근본적인 원인이다. 무명 탓에 세상사를 왜곡하여 자신에게 유리하게 생각한다. 그 때문에 우리는 잘못된 생각을 하고 해서는 안 되는 행동을 하게 된다. 그리고 업을 낳아 우리를 윤회시킨다. 무명이야말로 모든 번뇌의 근본이며 괴로움의 근원이다. 무명(癡)을 포함하는 여섯 종류의 수면을 수행으로 끊으면 수번뇌도 사라진다. 이것이 번뇌를 없애는 길이다. 이것으로 대번뇌지법 설명을 마치겠다.

이후 '대불선지법大不善地法', '소번뇌지법小煩惱地法', '부정지법不定地法'이라는 종류의 심소가 이어지지만 하나하나의 상세한 설명은 하지 않겠다. 대략적인 원칙은 앞서 설명했기에 간략한 설명으로 그치겠다.

대불선지법大不善地法

'불선不善'이란 '악'을 말한다. 그러므로 '대불선지법'이란 악한 심·심소에 반드시 포함된 심소이다. 앞서 설명한 대번뇌지법은 악한 심·심소 또는 유부무기의 심·심소에 반드시 포함된다고 했으나, 대불선지법은 악한 심·심소에만 반드시 포함된다. 그러므로 악한 심·심소는 반드시 대번뇌지법과 대불선지법을 전부 포함한다. 구체적으로 '무참無慚'과 '무괴無愧' 두 가지다. '무참'은 정당한 일을 중히 여기지 않는 마음, 또는 스스로 반성하여 부끄러워하지 않는 마음이고, '무괴'는 죄를 두려워하지 않는 마음, 또는 다른 사람과 비교하여 부끄러워하지 않는 마음으로 후안무치厚顔無恥를 말한다.

소번뇌지법小煩惱地法

소번뇌지법에는 열 가지 종류가 있다. 악한 심·심소와 유부무기의 심·심소에 포함되지만, 대번뇌지법이나 대불선지법과 같이 전부 갖추어 생기지 않고 열 가지 가운데 어느 한 개만 생기거나 하나도 생기지 않을 때도 있다. 상세하게 설명하면 오히려 이해를 방해할 수 있어 더 논하지 않겠으나, 요약하자면 악한 심·심소와 유부무기의 심·심소에 단발적으로 가끔 생겨나는 변덕스러운 타입의 번뇌다.

부정지법不定地法

부정지법에는 여덟 종류가 있다. 지금까지 심소는 모두 어떤 종류의 심·심소에 부수되어 생기는지 명확하게 한정할 수 있었으나 부

정지법은 어떤 종류의 심·심소에 어느 정도의 빈도로 생기는지 한
정할 수 없다. 그때그때마다 다양한 곳에서 생겨나는 심소이다. 수
면 가운데 탐, 진, 만, 의 등이 여기에 포함되는 것은 이미 말했다.
그 외에도 악작(惡作, 후회)이나 면(眠, 신체를 지탱할 수 없는 마음의
움츠림)이라는 작용이 포함된다.

이것으로 심소의 분류 설명을 마치겠다. 주목해야 할 것은 그것이
선인지 악인지 무기인지 윤리적 기준으로 나뉘어져 있다는 점이
다. 색법의 경우에는 '인식하는 색법'과 '인식되는 색법'으로 구분
하여 선악이 아닌 객관적인 기준으로 분류했다. 이것에 비해 심소
는 일의 좋고 나쁨으로 나눈다. 그 이유는 두말할 필요없이 심소야
말로 불도수행으로 완전히 소멸시켜야만 하는 악 요소, 즉 번뇌가
포함되어 있기 때문이다. 어떤 것이 지워야 하는 번뇌이고, 어떤
것이 지우지 않아도 되는 선량한 요소인지 엄중히 구별하는 것이
무엇보다 중요한 분류의 목적이다. 그 때문에 선악이 분류 기준이
되는 심소의 분류야말로《구사론》의 저술 목적인 '존재의 분석' 핵
심이다.

3 | 심·심소의 움직임

다소 대략적인 설명이었으나 심과 심소 전체를 살펴보았다. 다시 한 번 거듭 설명하자면 인식기관인 '근'을 통해 흘러 들어오는 자극이 비춰진 모습인 심을 우리 내부에 만들고, 그것과 동시에 그 마음과 함께 움직이는 다양한 작용이 심소로 생겨난다. 심소에는 좋음, 나쁨, 좋지도 나쁘지도 않은 무기라는 성질이 붙기 때문에 어떤 심소와 함께 생겨나는가에 따라 심 자신도 좋아지거나 나빠지거나 무기가 된다.

여섯 번째의 근

이것으로 심·심소의 기본 구조가 분명해졌다. 문어 그림은 잘 기억하고 있는가? 그럼 드디어 그것을 움직여보겠다. 그렇다, 심·심소는 움직이는 것이다. 우선 한가운데 심의 본체, 즉 문어 머리를 큰 전구라고 생각하자. 전구이기에 그것은 빛난다. 게다가 그것은 여섯 가지 색으로 빛난다. 빨강이든 파랑이든 어떤 색깔이어도 되지만, 아무튼 여섯 종류의 다른 색깔로 빛날 수 있는 전구다. 가장 중요한 것은 어떤 순간에 여섯 색깔 중에 한 색깔밖에 빛나지 않는다. 두 개 이상의 색깔이 동시에 나타나는 경우는 없다. 빨강이라면 빨강 한 색, 파랑이라면 파랑 한 색만이다. 그리고 그 색깔은 매 순간마다 바뀐다. … → 빨강 → 파랑 → 노랑 → 녹색 → 파랑 → … 이라는 구조로 여섯 색깔이 무작위로 차례차례 나타난다. … → 빨강 → 빨강 → 빨강 → 빨강 → 빨강 → …과 같이 같은 색깔이 연속해서 나타나는 경우도 있다. 어쨌든 문어 머리는 매 순간 엄청난 속도로 그 색깔을 바꿔간다.

아까부터 '순간'이라는 말을 자주 쓰는데 그건 막연한 '짧은 시간'이라는 의미가 아니다. 어떤 정해진 길이의 시간 단위를 의미한다. 불교용어로 '찰나刹那'라고 하고, 한 찰나는 지금의 표현으로 약 100분의 1초에 해당한다. 문어 머리는 찰나마다 색깔을 바꾸는 것이다. "눈에 보이지 않을 정도의 속도로 변화한다"고 해도 된다.

'찰나마다 색깔을 바꾸는 문어 머리'란 도대체 무엇을 의미하는가? 이 문어 머리가 심이라고 이미 설명했다. 그렇다면 심은 매 찰나마다 여섯 가지 다른 상태 가운데 어느 한 가지를 차례차례로 계속 취하고 있다는 것이다. 그것을 여기서는 '여섯 가지 색 중에 차례로 어떤 색깔로 빛난다'라고 표현한다. 차례로 나타나는 여섯 종류 상태가 무엇을 의미하는가 하면, 여섯 근을 통해 전해진 여섯 종류의 비춰진 모습이다. 여섯 근을 통해 유입된 자극으로 생기는 뉴트럴한 여섯 종류의 비춰진 모습, 그것이 여기서 말하는 '여섯 가지 색깔(六色)'의 의미다.

여러분들은 여기서 앗! 하고 생각할 것이다. 지금까지 근은 다섯 종류라고 계속 말해왔다. 안眼, 이耳, 비鼻, 설舌, 신身의 다섯 종류. 그 다섯 종류 근을 통해 전해진 외부세계의 자극이 우리들 내부에 비춰진 모습을 만든다. 그것이 심이라고 말했다. 그런데 지금 갑자기 '여섯 개의 근'이라고 했다. 한 가지 늘어난 여섯 번째의 근이 무엇인가. 그것은 '의근意根'이다. 어째서 지금까지 말하지 않았냐면 이 의근은 물질(색법)이 아니기 때문이다.

이 책에서는 처음에 색법의 모습을 설명하고 이어서 심·심소의 내부세계 구조와 작용에 대해서 말하고 있다. 처음이 색법이기 때문에 색법의 근밖에 소개하지 않았다. 우리 육체에 존재하는 안, 이, 비, 설, 신의 오근이다. 따라서 이 오근을 오색근五色根이라고도 한다. 그러나 사실 오근 외에 물질이 아닌 다른 한 가지 근이 있는데 의근이라고 하는 것이다.

그럼 제6의 인식기관인 의근이란 무엇인가? 그것은 심이다. 여기서 많은 분들은 혼란스러울 것이다. 근을 통해 내부에 전해져 비춰진 모습을 심이라고 했다. 근은 물질의 오근에 의근을 더한 육근

六根이라고 한다. 그럼 의근이란 무엇인가라는 물음에 '심'이라고 대답한다. 심이 겹쳐져 사용되었다. 도대체 이게 무슨 말인가?

우리가 외부세계에 있는 색법을 눈으로 보는 경우에는 반드시 안근이라는 감각기관을 통해 보게 된다. 그러나 우리가 무언가를 '생각한다' 할 경우는 어떠한가? 무언가를 '예상한다'의 경우는 어떠한가? 무언가를 '사고한다'의 경우는 어떠한가? 외부세계의 자극이 아닌 내적인 어떠한 것을 대상으로 심·심소가 작용할 경우에는 구체적인 근이랄 것이 없다. 그러나 근이라는 접속장치를 통하지 않고 심이라는 비춰진 모습이 갑자기 생겨나는 것도 납득할 수 없다. 그런 까닭으로《구사론》은 내적인 것을 대상으로 심·심소가 작용하는 경우에도 분명히 근이 있다고 생각했다. 다만 그것은 안근이나 비근 등 오근과 같은 물질이 아니기 때문에 육체에 있을 리가 없다. 특정 장소는 정해져있지 않지만 반드시 내부에 있다. 그래서 이렇게 생각했다. "내적인 대상의 비춰진 모습으로 심이 생겨나는 경우, 근은 그 심보다 한 찰나 전의 심이 근으로 작용한다." 즉 어떤 찰나의 심이 근으로 작용하여 다음 찰나의 심이 생겨난다는 것이다. 연속해서 생겨나는 심의 흐름을 '이전 찰나의 심=근, 다음 찰나의 심=그 근에 의해 생기는 인식'이라는 두 찰나 한 세트의 조합이라고 본다. 인식기관과 그 기관에 의해 생겨나는 비춰진 모습의 관계를 설명한 것이다(그림 2-3). 새롭게 소개한 여섯 번째 의근을 잊어버려서는 안 된다.

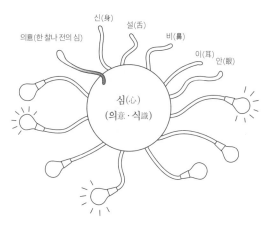

그림 2-3 여섯 개의 근根도 포함한 문어 그림

동시인식성同時認識性

여섯 종류의 인식기관과 그것에 의해 생기는 여섯 종류의 인식이 갖추어졌다. 여섯 종류의 인식을 '육식六識'이라고 한다. 외부세계의 색깔이나 형태가 안근에 자극을 주어 생기는 심을 '안식眼識'이라고 한다. 현대의 표현으로 시각視覺이다. 외부세계의 소리가 이근에 자극을 주어 생기는 심이 '이식耳識', 향기가 비근에 자극을 주어 생기는 심이 '비식鼻識', 맛이 설근에 자극을 주어 생기는 심이 '설식舌識', 촉감이 자극을 주어 생기는 심이 '신식身識', 그리고 여기서 중요하다. 그 외 모든 존재와 시간을 초월해 한 찰나 전의 심, 즉 의근에 자극을 주어 생기는 심이 '의식意識'이다.

이것으로 한가운데 전구, 문어 머리의 여섯 가지 색깔이 모두 갖추어졌다. 안식, 이식, 비식, 설식, 신식, 의식이다. 여기서 말하는 의식이야말로 요즘 말하는 '의식'의 어원이다. 그건 결코 consciousness의 번역어로 사용될만한 단어가 본래 아니었다. 우리 몸의 어떠한 오감으로도 인식할 수 없는 대상을 인식하는 것, 그것이 의식이라는 말의 진정한 의미다.

의근을 포함한 인식 시스템은 지금까지 설명한 것보다 실은 더 복잡하다. 의근이 포함된 근과 식의 관계를 다시 한 번 설명하겠다. 문어 머리에는 우리 몸에 있는 안, 이, 비, 설, 신 다섯 개의 감각기관(五根)으로부터 다섯 줄 와이어가 늘어져 있고, 또한 한 찰나 전의 자기 자신(意根)으로부터도 와이어가 이어져 있다. 예를 들어 안식의 색깔로 문어 머리가 빛난다면 그때는 안근의 정보만 와이어를 통해 유입되고 있다. 이 시스템은 이근부터 신근까지 모두 똑같다. 지금까지 의근의 존재를 생각하지 않았기에 설명은 이걸로 충분했다.

그러나 의근을 포함하면 점점 상황이 복잡해진다. 문어 머리가 안식의 색깔로 빛날 때 분명히 정보는 안근의 와이어를 통해서만 들어오지만, 한 찰나 전의 의식도 인식의 '의지처'로 작용한다는 것이다. 즉 한 찰나 전의 자기 자신(의근)이 서포터로서 안식을 지탱한다고 생각했다. 다시 말해 문어 머리가 안식으로 작용할 때에는 현재의 안근과 의근(한 찰나 전의 자기 자신)이 공동으로 그 안식을 만들어 내고, 이식으로 작용할 때는 현재의 이근과 의근(한 찰나 전의 자기 자신)이 공동으로 그 이식을 만들어 낸다. 그리고 문어 머리가 의식으로 작용할 때에는 의근(한 찰나 전의 자기 자신)만이 그 의식을 만들어 내는 의지처가 된다.

이와 같이 사람이 일으키는 여섯 종류의 인식 가운데 안, 이, 비, 설, 신의 오식五識은 다섯 가지 육체적 감각기관 저마다와, 거기에 한 찰나 전의 심인 의근이 공동으로 그 의지처가 되고, 여섯 번째의 의식만 한 찰나 전의 의근만이 의지처가 된다.

'심心, 의意, 식識'이 실은 같은 하나의 법을 가리키는 세 개의 명칭이라고 한 이유가 이것으로 알 수 있다. 심·심소라는 구분으로 말하면 그것은 심이다. 반면 다음의 심이 생겨나는 한 찰나 전에 심의 근으로 작용하는 단계라면 의(의근)라고 불려진다. 그리고 여섯 근 각각에 투영하는 비춰진 모습을 구분하여 말한다면 식(육식)이라고 한다. 실체는 단 하나, 문어 머리다.

문어 머리는 찰나마다 육식 중 어느 한 가지만 일으킨다. 그것을 빗대어 "여섯 가지 색깔 중에 어느 한 가지 색깔 밖에 빛나지 않는다"라고 한다. 이것은 우리들 상식과 일치하지 않는다. 우리는 하나의 찰나에 '본다, 듣는다, 만진다' 하는 복수의 인식을 동시에 일으킨다고 굳게 믿고 있다. 예를 들어 텔레비전을 보고 있을 때 화면을 보면서 소리를 듣기 때문에 보는 것과 듣는 것을 동시에 행하는 것은 당연하다고 생각한다. 그러나《구사론》은 그것이 아니라고 한다. 동시에 행하고 있다는 생각은 착각이다. 실제로는 한 찰나에 어느 한 종류 인식밖에 행해지지 않는다. 단지 그것이 매우 빠른 속도로 변하여 달라지기 때문에 동시병행으로 진행되는 것처럼 생각될 뿐이다.

우리들 인식이 찰나마다 맹렬한 속도로 변하여 달라진다는 아이디어는 수행자들의 체험에서 얻어진 것이 아닐까 생각된다. 명상의 기본은 여기저기 정신없이 흩어져 멈출 줄 모르고 산만한 주의력을 단단히 잡아매어 한 곳에 집중시키는 것이다. 그러한 수행을 매일 계속하면 처음에는 육식 사이를 이리저리 맹렬한 속도로 돌아다니던 심이 차례로 순응하며 가라앉게 되어 안정되게 하나의 식에 머무는 상황을 실제로 체험한다. 그러한 수행의 체험을 바탕으로 한 분석이 이러한 체계를 만들었을 것이다.

우리 신경계는 여러 가지 흥미로운 기능이 본래 갖추어져 있는데 그중에 하나가 '동시인식성同時認識性'이다. 실제로는 결코 동시에 일어나지 않는 현상을 하나로 합쳐 "이것은 모두 동시에 일어나는 것이다" 하고 굳게 믿는 경향이다. 아마 인식을 그렇게 하나로 합쳐 파악하는 편이 효율적이고 생존경쟁에서 유리할 것이다. 하지만 육식의 경우도 잘 생각해보면《구사론》의 주장이 옳다. 뉴런 neuron을 비롯한 다양한 신경세포가 방대한 신호를 주고받는 중에 시각, 청각이라는 감각 인식이 생기지만, 엄밀히 말하면 어느 한 가지도 동시에 일어나는 일은 전혀 없다. 다른 시간에 신경계의 다른 장소에서 일어난다. 그런데도 우리 신경장치는 그것을 통합해 '우리는 동일 시각의 상황을 다면적으로 알아차린다'고 믿는다. 그러나 그것은 착각으로, 세상의 진정한 모습이 아니다. 진짜 심의 모습은《구사론》이 설명하듯이 시시각각 육식이 연속적으로 전변轉變하는 것이 틀림없다. 우리들이 지니고 태어난 다양한 착각의 필터를 전부 벗겨내어, 세상의 모습을 바르게 관찰하고자 한 석가모니의 생각이 이러한《구사론》의 사고방식에 강하게 반영되어 있다.

이러한 동시인식성을 어떻게 파악할 것인가는 불교의 내부에서도 의견이 나뉘어져 있어《구사론》과는 다른 생각을 한 그룹도 있었다.《구사론》은 "여섯 종류의 인식은 모두 다른 시간에 일어난다. 복수의 인식이 동시에 일어나는 것은 없다"고 하여 복수인식의 동시성을 부정했지만, 그 반면에 "어느 하나의 인식이 일어날 때 인식에 관계되는 모든 심 작용은 그 인식과 동시에 일어난다"고 주장했다. 하나의 인식이 일어날 때 그것을 둘러싼 심의 반응도 전부 합쳐져 동시에 일어난다고 생각했다. 이런 점에서《구사론》은 "심의 움직임의 동시성에 관해서 일부는 인정하며 일부는 부정한다"고 말할 수 있다.

같은 불교에서도 어떤 부파에서는 하나의 인식을 둘러싼 다양한 심 작용은 순서에 따라 차례로 일어난다고 생각했다. 예를 들어 안식이 일어나면 그 안식에 대한 심 작용이 제2찰나, 제3찰나의 순서대로 연쇄적으로 일어나고, 최종적으로 10찰나 이상이 걸려 모든 심 작용이 완료된다고 생각했다. 심의 움직임의 동시성을 인정하지 않는다는 입장은《구사론》이상으로 철저하다.

동시성의 문제는 흥미롭다. 상대성이론에서 무엇보다 중요한 개념 가운데 하나가 동시성이다. 그런데 동시성이 우리들 뇌의 기능으로 설정된 것이라면 상대성이론은 뇌 기능을 포함시키지 않으면 정당한 과학 이론으로 성립되지 않게 된다. 관찰 대상의 동시성은 엄밀히 논하여도, 동시성을 인식하는 쪽의 고찰이 애매모호하면 '반은 엄밀하고 반은 애매한 이론'이 된다. 지금은 확실히 그러한 단계에 방치되어 있다고 생각한다.《구사론》이 말하는 '인식하는 것과 인식되는 것에 의한 분류'를 토대로 하는 동시성의 문제는 현대 과학에 있어서도 때에 따라서는 중요한 시사를 주는 것처럼 생각될 수 있다. 조금 여담이 길어졌다. 문어 머리의 설명으로 돌아오겠다.

심·심소의 발생 요인

찰나마다 색깔을 바꾸는 문어 머리가 상상되었다면, 그럼 찰나찰나 문어 머리에서 나오는 40여 개의 꼬마전구 소켓, 즉 심소는 어떻게 작동하는가? 그것은 찰나마다 다양하게 패턴을 바꾸면서 켜지고 꺼지기를 반복한다. 예를 들어 '대지법' 열 개의 꼬마전구는 계속 켜져 있다. 심이 있으면 반드시 부수하는 심소이기 때문이다. '대선지법' 열 개는 때때로 열 개가 일제히 켜진다. 꺼질 때는 일제히 꺼진다. 좋은 심일 때는 전부 켜지고 그 이외의 심일 때는 전부 꺼지기 때문이다. 반면 '대번뇌지법' 여섯 개는 심이 '악'이나 '유부무기'일 때 일제히 켜진다. 따라서 '대선지법'의 꼬마전구가 켜져 있을 때는 '대번뇌지법'의 전구는 반드시 꺼져 있으며, '대번뇌지법'이 켜져 있을 때는 '대선지법'이 꺼져 있다.

　이와 같이 각각의 심소가 지닌 성질에 따라 40여 개의 꼬마전구 전원에는 패턴이 생긴다. 다수의 패턴이 찰나마다 나타난다. 심·심소를 정리해보면, 가운데 문어 머리가 맹렬한 기세로 색깔을 바꾸는 것에 따라 거기에서 나온 40여 개의 꼬마전구가 그것과 동시 작동하여 다양한 패턴으로 점멸을 반복한다. 이것이 우리들의 심·심소의 일반적인 모습이다(그림 2-4).

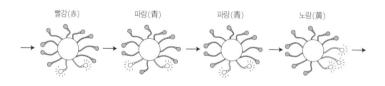

그림 2-4　찰나마다 변해가는 문어 그림

　그림 심·심소가 그렇게 일어나는 것을 결정하는 요인은 무엇인가? 심이 어떤 순간에 어떤 색깔로 빛나고 그것과 동시에 일어나는 심소가 어떠한 패턴으로 나타날지 정하는 요인은 도대체 무엇인가? 그것은 다양하게 서로 얽혀 있는 '원인原因'이다. 그 순간보다 한순간 전의 심·심소가 주요한 원인이 되는 것은 두말할 필요 없다. 그러나 한순간 전이 아닌 훨씬 이전의 심·심소의 상태도 시간차를 넘어 영향을 주는 것이 있다. 또한 근으로 연결된 외부세계도 큰 영향을 준다. 즉 그물 매듭과 같이 이어진 세계의 다양한 요소가 복합적으로 작용하여 특정 심·심소를 출현시킨다. 그리고 출현한 심·심소 자신이 다시 뒤에 나타나는 심·심소의 하나의 인因으로서 작용한다. 그 원인관계는 상당히 복잡하여 전체 내용을 인간의 지혜로는 알 수 없다. 물론 석가모니는 전지全智한 사람이기에 그것을 알 수 있다고 하지만 어디까지나 이상론理想論이다. 우리들 관점으로는 자신의 심·심소가 생기는 과정을 상세히 아는 것은 무리다.

번뇌를 끊는 법

불교의 목적은 그러한 불가지不可知한 상황으로 맹렬히 전변하는 심·심소를 안으면서도 거기에 포함된 '번뇌계 심소'의 발생을 영원히 끊는 것이다. 발생 상황을 모르면서 어떻게 발생을 영원히 멈추게 할 것인가? 이것은 굉장히 어려운 문제이나, 대답은 "심소의 소켓 자체를 파괴한다"는 것이다. 소켓에 끼워져 있는 번뇌계 꼬마전구를 일시적으로 빛나지 않게 하는 것은 비교적 간단하다.

예를 들어 '분노(怒)'라는 꼬마전구가 켜지지 않게 하기 위해서는 '분노는 나쁜 것이다. 분노를 일으키지 말자' 하고 강하게 염원하면 된다. 그렇게 하면 그때에는 심소의 '분노' 꼬마전구가 꺼진다. 그러나 그것은 일시적인 현상에 지나지 않는다. 시간이 지나 심이 느슨해지면 바로 다시 분노가 생겨난다. 이걸로는 번뇌를 영구적으로 끊었다고 할 수 없다. 번뇌를 영구적으로 끊는다는 것은 그 후로 두 번 다시 꼬마전구가 켜지지 않도록 하는 것이다. 그렇게 하기 위한 방법은 꼬마전구가 끼워져 있는 소켓 자체를 파괴할 수밖에 없다. '분노'의 소켓을 파괴하여 더 이상 절대로 분노 꼬마전구가 켜지지 않는 상태가 되었을 때 비로소 '분노를 멸했다'고 말할 수 있다. 그러한 상태가 불교수행의 목표이다. 일시적으로 번뇌가 일어나지 않게 하는 것이라면 그 분야의 '자기계발서'로도 충분하지만, 영원히 단멸하기 위해서는 심·심소의 근본적인 개조가 필요하다. 그것은 상당한 에너지와 긴 시간을 요하는 단련의 길이다. 그것이 불도수행이다.

심소 중에는 그 자체가 전부 번뇌라고 할 수 없고 어떤 특정 상태에서만 번뇌로 작용하는 것도 있다. 예를 들어 앞에 소개한 '대지법'의 하나인 '혜慧'이다. 그것은 본래 뉴트럴이지만 다른 번뇌

심소와 관계를 맺으면 '잘못된 견해'라는 번뇌가 된다. 잘못된 견해의 대표적인 것이 '유신견(有身見, 나라는 존재는 틀림없이 실재하고 있다는 착각)'이다. 따라서 그러한 번뇌를 끌 때에는 소켓을 완전히 파괴하는 것이 아니라, 소켓 구조를 개조하여 '잘못된 견해'라는 불빛이 켜지지 않도록 바꿔버려야 한다.

또 심소가 전부 번뇌여서 소켓마다 파괴하지 않으면 안 되는 경우에도 단계적으로 파괴해야 한다. 하나의 같은 번뇌도 어떠한 환경에서 생겨나는가에 따라 성질이 다르기 때문에 성질마다 소켓을 차례로 개조하여 최종적으로 전부 파괴하는 순서를 갖는다.

이와 같이 지우는 법의 차이가 몇 가지 있으나 원칙은 한 가지다. 눈에 보이지 않는 속도로 전변하는 심·심소의 문어 구조에서 자신의 힘으로 소켓을 변형 또는 파괴하여 절대로 번뇌가 일어나지 않는 상태가 되는 것, 그것이 석가모니 사상에 입각한 불교의 길이다.

오의평등五義平等

이 장의 마지막으로 용어 설명을 한 가지만 더 덧붙이겠다. '상응(相應, samprayoga)'이라는 단어다. 상응이라고 하면 아주 평범한 단어라서 왠지 이해했다는 생각으로 그냥 넘어가는 경우도 많다.

그러나 《구사론》에서 '상응'이라고 하면 굉장히 특수한 의미다. 어떤 찰나 어떤 생명체에 일어나는 심과 심소의 결합을 가리키는 특수 용어다. 찰나마다 맹렬한 기세로 변화하는 심·심소를 한순간 멈춰보자. 그 순간의 심(문어 머리)과 거기서 빛나는 몇 개의 심소(꼬마전구), 그것들이 '상응하는 심·심소'이다. 즉 어떤 찰나에 작용하는 문어 머리와 꼬마전구 세트, 그것이 '상응하는 법'이다. 그 밖의 심·심소는 상응한다고 말하지 않는다. 이 원칙을 옛사람들이 잘 정리해서 '오의평등五義平等'이라는 용어로 부르고 있다. '상응이라는 관계는 다음 다섯 가지 조건을 충족하는 법 사이에서만 성립된다'는 것을 정리한 메모다. 옛날식 표현이지만 불교적 분위기를 느낄 수 있기에 그대로 소개한다.

소의평등所依平等 : 어떤 찰나의 심·심소 한 세트는 모두 하나의 같은 근을 통해 전해져 비춰진 모습을 기초로 생겨난다. 예를 들어 내가 무언가를 보는 경우, 문어 머리는 안근을 통해 '안식'이라는 인식을 일으킨다. 그리고 그 찰나에 부수하는 주변의 모든 심소도 또한 그 안근을 대상으로 생겨난다. 문어 그림을 떠올려보면 아주 당연하게 이해할 수 있다. 소의所依란 인식의 의지처라는 의미로 근을 말한다. 평등平等이란 모든 심·심소가 그 점에서 일치한다는 의미다. 그러므로 소의평등이란 그 찰나의 심·심소는 모두 근에 관계하여 일치하는 것을 말한다.

소연평등所緣平等 : 소연所緣이란 인식의 대상 영역이다. 예를 들어 외부세계의 색깔, 형태, 소리, 향 등이다. 어떤 찰나 심·심소 한 세트는 모두 같은 대상에 반응하여 생긴다. 외부세계의 색깔, 형태, 소리, 향 등을 보고 있는 찰나의 심·심소는 전부 같은 영역을 대상으로 생겨나는 것이다.

행상평등行相平等 : 행상行相이란 문어 머리에 구체적으로 나타난 인식 대상이다. 예를 들면 '파랑' 등이다. 주변 심소가 전부 비춰진 하나의 모습을 대상으로 생겨나기에 행상도 평등이다.

시평등時平等 : 매우 중요하다. 상응관계에 있는 심·심소는 반드시 동일 찰나에 공존한다. 문어 그림이 찰나마다 변할 때 다른 찰나의 심·심소끼리는 상응하지 않는다.

사평등事平等 : 어떤 찰나의 심·심소가 상응관계에 있다면 심은 단 한 개뿐이며, 그 종류의 심소도 한 개밖에 일어나지 않는다. 이것은 심이 동시에 두 개 이상 생기거나 같은 종류의 심소가 동시에 두 개 이상 생기는 일은 없다는 것을 보증한다. 그리고 또한 나의 심·심소와 타인의 심·심소는 상응하지 않는다. 즉 완전히 별개의 시스템이라는 언명도 의미한다.

이상으로 심·심소의 구조와 그 움직임에 대해서 설명했다. 그중에서 찰나라는 시간 단위가 무엇보다 중요한 의미를 가지고 있다는 점을 눈치챘을 것이다. 우리의 심·심소는 찰나마다 다른 형태로 계속 변화한다. 실은 '찰나마다의 변화'라는 현상은 심·심소뿐만 아니라 이 세상의 모든 유위법有爲法마다 일어난다. 그것을 '찰나멸刹那滅'이라고 한다. '모든 유위법은 찰나마다 태어나고 멸한다'는 의미다. 여기서부터《구사론》중에서도 특히 흥미로운 '시간'의 이야기로 들어가보자. 여기에는 아직 설명하지 않은 '에너지'의 개념도 깊이 관련되어 있다. 다음 장에서는 그 '시간'과 '에너지'에 대해서 살펴보겠다.

03
——

불교의 시간론 :

제행무상諸行無常과 업業

제1장에서 설명했듯이《구사론》에는 물질세계(색계色界)를 '인식하는 법'과 '인식되는 법'으로 나눈다. 오근五根과 오경五境이다. 반면 제2장에서는 물질세계와는 별개로 생명체 내부에 심·심소라는 영역을 상정한다. 오근과 심·심소가 공동으로 현대에서 말하는 '정신'으로서 작용한다는 것은 앞서 설명했다. 심이 한 개이고 심소가 40개 이상, 게다가 물질인 오근의 작용도 더해져 다양한 패턴으로 생긴다. 색법이나 심·심소의 어디를 보아도 '나'라는 본체는 없다는 점이 중요하다. 나라는 것은 육체를 구성하는 색법과 거기에 두루 가득 차 있는 심·심소를 합친 전체를 말하는 가설의 명칭이다. 나라고 하는 실체는 원래 어디에도 존재하지 않는다. 이러한 견해를 '무아無我'라고 한다. 이 세상에서 살아가는 모든 생명체는 전부 무아이며 모든 요소의 집합체로서만 기능한다.

색법과 심·심소법으로 이루어진 세계의 전체가 찰나라는 지극히 짧은 시간 단위로 차례차례 변해간다. 하나의 실체가 조금씩 천천히 형태를 바꿔가며 변용하는 것이 아니다. 한 찰나마다 지금 있는 존재가 모두 사라지고 전혀 다른 존재가 출현하는 디지털한 생멸의 연속이 '이 세상의 전변'이라는 것이다. 나도 또한 그러한 전변 세계의 일부로 살아간다. 지금의 나는 나를 구성하는 색법, 즉 육체와 내부에 가득 차 있는 심·심소법의 복합체로 존재하나, 그것은 한 찰나에 소멸한다. 그리고 다음 찰나에 그것과 매우 비슷하지만 동일하지 않은 다른 복합체가 나타난다. 그것은 실체로서는 완전히 다르지만, 앞의 찰나의 영향을 받아 이전 찰나와 관련성을 지니고 생겨나기에 마치 똑같은 '나'라는 것이 연속해서 존속한다고 생각된다. 그렇지만 착각이다. 이런 뜻으로 나라는 존재는 '어느 정도 전체성을 유지하면서 찰나마다 생멸을 반복하는 요소의 집합체'라고 정의할 수 있다.

이것이 과학에서 말하는 '복잡계複雜系'와 어느 정도 합치하는지 잘 모르겠으나, 카오스Chaos이론이나 그것과 관련한 프랙탈fractal 수학을 처음 접했을 때 불교적 세계관과 본질적인 유사성을 느꼈다. 이 세상의 모든 현상을 '특정 인과관계를 통해 복합적으로 결합하는 모든 요소의 조직'으로 파악할 때 본원적인 공통성이 있다고 생각했다.

찰나마다의 전변을 나타내는 용어가 '제행무상諸行無常'이다. 물론 "태어났을 때는 귀여웠는데 지금은 완전히 아저씨가 되었다" 하는 것도, 혹은 "예전에는 활기차던 번화가도 지금은 새소리가 들릴 정도로 한적하다" 하는 것도 '제행무상'이지만, 《구사론》에서는 그러한 정서적인 면이 아닌 보다 어려운 단위 시간마다의 디지털한 생멸현상을 가리켜 '제행무상'이라고 한다. 그럼 지금부터 불교를 대표하는 표현이면서 지극히 중요한 법칙인 '제행무상'을 《구사론》의 해석에 입각하여 설명하겠다.

1 │ 시간론의 구조

우선 '찰나멸刹那滅'이라는 용어를 소개하겠다. 일체의 만물은 찰나라는 극소의 시간 단위마다 생겼다가 사라진다는 원리다. 다만 일체 만물이라 해도 무위법은 다르다. 무위법은 전혀 변화하지 않는 존재요소이기 때문에 생성·소멸과는 인연이 없다. 75법 가운데 세 개의 무위법을 제외한 72개의 법을 유위법이라고 하는데, 찰나멸이라는 원리는 유위법에만 해당된다. 모든 유위법이 어떤 찰나에 이 세상에 출현하면 반드시 그 찰나 속에서 멸한다. 이것이 찰나멸의 의미다. 외부세계의 물질도, 내적인 심·심소도 모두 찰나멸의 원리에 따라 순간적으로 생멸한다.

여기까지는 충분히 이해할 수 있을 것이다. '과연 역시 찰나멸의 원리는 제행무상 그 자체구나' 하며 독자들도 납득될 것이다. 그러나《구사론》이 생각한 제행무상은 보다 심오하다. 그저 단순히 모든 유위법은 나타난 찰나에 사라진다는 단순한 원칙으로 전부 설명되지 않는다. 거기에는 "시간이란 무엇인가?", "법이 존재한다는 것은 무엇인가?", "존재와 작용은 어떻게 관계하는가?"라는 기본 문제에 명확하게 대답할 수 있는 메커니컬(mechanical, 기계적인)한 구조가 상정되어 있다. 그 구조 전체가 《구사론》이 말하는 '제행무상'의 진정한 의미다. 시간과 법의 관계부터 이야기를 시작하겠다.

업의 인과관계

우리는 보통 지금 현재만이 실재하고 과거나 미래는 비실재라고 생각한다. 예를 들어 지금 음악을 듣고 있다고 하자. 음악이라는 것은 소리의 연속이기 때문에 어떤 찰나에 어떤 소리가 들린다. 소리를 듣고 있는 그 찰나의 소리만 세상에 실재한다고 생각한다. 다음 찰나가 되면 그 소리는 소멸되고 다른 소리가 나타나기 때문에 앞의 소리는 더 이상 존재하지 않는다. 그것은 사라져버렸다. 또한 미래의 소리도 그것이 실제로 이 세상에 나타나서 귀에 도달할 때까지는 절대로 들을 수 없기 때문에 비실재라고 생각한다. 작곡가가 아무리 머릿속에서 소리를 상상하더라도 그것은 실제 소리가 아니다. '아직 없던 미래의 소리가 현재라는 한순간에 나타나 귀에 작용하고 과거로 사라진다.' 이것이 상식적인 시간의 흐름이다.

　그러나 《구사론》은 다른 견해를 보인다. 현재의 법이 실재하는 것과 동시에 미래의 법과 과거의 법도 실재한다고 생각한다. 이것은 매우 특수한 주장이다. 같은 불교 속에서도 이러한 설을 인정하지 않고 현재의 법만 실재하고 과거나 미래의 법 따위는 실재하지 않는다고 생각한 사람도 많았다. 일반적으로 생각하면 과거나 미래는 실재하지 않는다고 생각하는 것이 자연스러운데 어째서《구사론》은 실재한다고 한 것인가?

《구사론》에 따르면 그 이유는 대략 세 가지다. 첫째는 번뇌의 발생 요건이다. 우리는 다양한 것을 대상으로 번뇌를 일으킨다. 과거나 미래의 것을 대상으로 일으키는 번뇌도 있다. 만약 과거나 미래의 것이 실재하지 않는다면 실재하지 않는 것을 대상으로 번뇌를 일으킨다는 이상한 논리가 된다. 따라서 과거나 미래의 것을 대상으로 번뇌를 일으키는 이상, 과거나 미래의 존재는 실재한다고 생각하지 않을 수 없다.

둘째는 인식의 성립 조건이다. 우리에게 다소 이해하기 힘든 논리지만 당시 인도에서는 '인식할 수 있는 것은 실재한다'는 법칙이 널리 퍼져 있었다. 즉 '우리는 실재하는 것만 인식할 수 있다'는 논리다. 인식하는 이상, 그 인식 대상은 실재한다는 것이다. 그리고 당연히 과거나 미래의 것을 인식할 수 있다. 예를 들어 어제 만난 사람을 기억하는 것과 같다. 이것은 과거나 미래의 것이 실재한다는 것이다. 또한 과거나 미래의 영역이 실재한다는 것을 나타내는 근거다.

그리고 셋째는 업의 인과관계이다. 지금 현재 짓는 업이 먼 미래에 그 결과를 낳는다면 어째서 시간적으로 떨어진 원인과 결과 사이에 연결이 가능한가? 어째서 현재의 업이 미래의 결과와 이어지는가? 이것을 설명하기 위해서는 미래 법의 실재성을 인정하지 않으면 안 된다. 미래의 법이 실재하기 때문에 현재 행하는 업이 미래의 법에 신호를 보내 인과관계가 성립한다고 생각했다.

개인적으로는 세 번째 이유가 가장 흥미롭다. 업의 인과관계를 성립시키기 위해서 '과거나 미래가 있다'고 주장한 것이다. 업에 대해서는 제2장에서 간략히 설명했다. '좋은 일을 하면 반드시 미래에 그 결과로 기쁜 일이 생기고 나쁜 일을 하면 괴로움이 찾아온다' 하는 윤리적인 인과관계다. 그 본질이 심소의 하나인 '사思'에 있다는 것도 이미 설명했다. 시간적으로 떨어진 업의 인과관계를 인정하기 위해서는 "무엇이 인과관계를 전달하는가?"라는 문제에 대답할 필요가 있다.

예를 들어 내가 오늘 극악무도한 악행을 저질렀다고 하자. 그러나 그 악업의 결과는 바로 나타나지 않는다. 언젠가 반드시 나타난다는 것은 정해져 있지만, 그것이 언제 나타나는지는 알 수 없다. 무사히 수명을 마쳐 백 살에 죽은 다음에 고양이로 다시 태어나고, 또 죽은 다음에 하늘의 신으로 다시 태어나 행복하게 살다가, 다시 죽은 다음에 드디어 그 결과가 나타나 다시 태어날 때 지옥에 떨어질 수도 있다. 그렇다면 '극악무도한 행위'라는 원인과 그것으로부터 한참 뒤에 일어난 '지옥에 떨어짐'이라는 결과는 어떠한 작용 원리로 이어져 있는가? 어떻게 업은 긴 시간 간격을 초월해 원인 과 결과를 이을 수 있는가?

만약 '나'라는 영원한 불변의 절대존재가 있다면 답은 간단하다. 시간을 초월해 '나'라는 존재는 계속되기에 '나' 자신이 업의 전달 자라고 생각하면 된다. 그러나 몇 번이나 말했듯이 불교의 기본 원 리는 '무아無我'이다. 업의 작용을 전달할 수 있는 실체 존재는 어 디에도 없다. 존재하는 것은 찰나마다의 요소 집합체뿐이다. 그러 한 무상전변無常轉變의 세계에서 시간적으로 떨어진 인과관계가 어떻게 성립하는가? 이 문제를 끝까지 파고든 결과《구사론》은 '시 간적으로 떨어져 있는 먼 미래의 결과도 실재한다. 그렇기 때문에 지금 현재의 원인이 먼 미래의 결과와 연결 가능하다'는 견해에 도 달한 것이다. 보다 자세하게 설명하겠다.

찰나멸의 원리

'과거, 미래, 현재의 일체 법은 실재한다'는 원리, 이것을 '삼세실유 설三世實有說'이라고 한다. 과거와 미래와 현재 삼세三世의 법은 모 두 실재한다(實有)는 의미다. 삼세실유설은《구사론》의 시간론의 토대다. '미래'라는 영역은 조건이 갖춰지면 '현재'라는 영역으로 옮겨와 자신이 지닌 작용 능력을 발휘할 가능성이 있는 법이 모두 존재한다. 간단히 말하면 '미래'라는 영역에 이제부터 생겨날 가능성이 있는 법이 모두 존재한다는 것이다. 물론 그 양은 헤아릴 수 없다. 바꿔 말하면 무한이다. 다만 그중에는 현재로 이행하기 위한 조건이 절대적으로 결여되어 미래에 갇혀버린 법도 섞여 있다. 그러한 법은 미래에 머물러 있어 결코 현재에 나타나는 일이 없어 어떤 의미에서 '작용하지 않는 법'이다. 이와 같이 미래에 있는 법을 미래에 그대로 가두어 현재에 결코 나타나지 않는 상태가 제1장에서 말한 무위법 세 종류 가운데 '비택멸非択滅'이다.

미래에는 현재로 이행할 가능성이 있는 법과, 비택멸에 의해 그 가능성을 잃은 법이 뒤섞여 무한하게 존재한다. 그 가운데 현재로 이행할 가능성이 있는 법은 여러 조건이 갖추어지면 현재로 옮겨진다. 그 '현재'라는 영역이야말로 우리가 '지금 현재' 인식하고 있는 바로 이 세계다. 그리고 현재로 오는 법은 오는 찰나에 소멸되어 과거로 떠나간다. 현재에서 체류 기간은 불과 한 찰나밖에 없다. 그것이 '찰나멸'이다.

모든 유위법은 찰나에 사라진다는 찰나멸의 원리는 미래의 유위법이 현재라는 영역에 나타난 그 상황을 설명하는 것이다. 미래에 있는 법은 조건이 갖춰지면 현재로 옮겨온다. 그리고 현재라는 영역에 출현하여 어떠한 작용을 하는데, 그 유지 기간은 불과 한 찰나다. 한 찰나 사이에 출현하여 작용하고 소멸한다. 이러한 과정을 가리켜 찰나멸이라고 한다.

그럼 한 찰나 출현한 뒤 그 법은 어떻게 되는가 하면 이번에는 과거라는 영역으로 옮겨간다. 그리고 일단 과거로 옮겨간 법은 두 번 다시 현재에 나타나는 일 없이 그대로 계속 과거의 법으로 머문다. 미래에 있던 법이 한 찰나만 현재라는 장소를 지나갈 때 독자의 작용을 행한다. 그리고 순식간에 과거로 떠나간다. 이것이《구사론》이 말하는 시간의 구조이다. 현재라는 장소에 시점을 고정해 바라보면 찰나멸이지만, 과거, 미래, 현재라는 삼세 전부를 위에서 내려다보면 '삼세실유'로 모든 법은 계속 실재한다. 그리고 항상 미래에서 현재로, 현재에서 과거로 유위법이 변천하는 현상을 '제행무상諸行無常'이라고 한다.

영사기映寫機의 예

이러한《구사론》의 시간론을 알기 쉬운 비유로 표현하고 싶다.《구사론》이 쓰여진 대략 1,500년 전 인도에서 아비달마 철학을 생각한 승려들은 지극히 추상적이고 희미한 이미지 속에서 개념을 구축했다. 그건 지금 생각해보면 매우 고도의 정신활동이어서 우리에게 그런 특수한 기술은 불가능하다. 그래서 우리들도 이해 가능한 무언가 구체적인 모델을 제시해 이 특이한 시간론의 구조를 나타내고 싶다. 그렇게 생각하여 옛사람들의 연구를 찾아보면 실로 훌륭한 모델의 예가 발견된다. 약 100년 전에 활약한 불교학자 키무라 타이켄(木村泰賢)의 연구다. 당시 키무라 씨는 아직 초창기였던 아비달마 연구를 비약적으로 발전시키고 길 없는 밀림에 진보의 큰 길을 열었던 거인이다. 키무라 씨가 《구사론》의 시간론을 더 없이 정확하게 설명했다. 그 모델은 영화관 영사기다.

영사기의 기본 구조는 위아래 두 개의 큰 필름통과 중간에 영사용 램프가 놓여있다. 위 필름통에는 지금부터 상영될 필름이 감겨져 있고 그것이 아래의 필름통에 이어져 있어서 계속 감기면서 옮겨간다. 그리고 위 필름통에서 아래 필름통으로 필름이 옮겨가는 중간에 램프가 필름을 향해 강렬한 빛을 투사한다. 그것이 필름을 투과해 앞에 있는 커다란 스크린에 영상을 비춘다(그림 3-1).

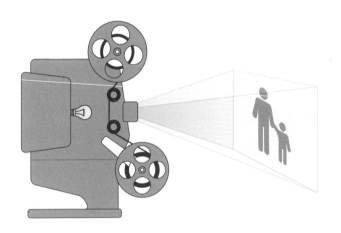

그림 3-1 영사기와 스크린

영화필름은 한 화면 한 화면의 사진이 연속해서 이어져있다(그림 3-2). 따라서 위 필름통에서 아래 필름통으로 흘러간다는 것은 한 화면씩 사진들이 램프 앞을 지나간다는 뜻이다. 화면은 지나가는 순간만 램프 빛에 비춰져 스크린에 투영한다. 비춰지고 나면 곧바로 아래로 내려가 영상은 사라지고, 곧이어 다음 화면이 스크린에 나타난다. 이렇게 하여 매우 짧은 시간 사이에 필름 화면은 순서대로 차례차례 스크린 위에 영사되고 그것을 관객이 보며 즐거워하는 구조다.

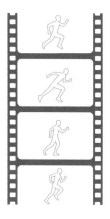

그림 3-2 필름

위의 필름통에 감겨있는 필름에는 많은 화면이 늘어서 있는데, 그것은 '존재는 하지만 아직 작용하지 않은 상태'다. 여기서 말하는 작용이란 물론 램프에 비춰져 스크린에 나타나는 영상을 말한다. 위 필름통에 감겨있는 동안에는 그러한 작용을 일으킬 수 없는 대기상태이다. 그러나 필름통이 돌아서 필름이 아래 필름통으로 말려 옮겨가면 한 화면씩 램프 앞을 통과하며 그 순간만 작용한다. 이것이《구사론》의 시간론에서 말하는 미래의 법이 현재로 이행해 와서 작용하는 현상이다. 램프 앞으로 와서 한순간의 작용을 마치면 아래로 흘러내려가 아래 필름통에 말려 옮겨진다. 일단 램프 앞을 지나 아래 필름통으로 옮겨진 화면은 다시는 되돌아오지 않고 두 번 다시 작용하지 않는다. 이것이 현재에서 작용한 법이 과거로 가서 그대로 그곳에서 계속 머무는 상태를 설명한다. 현재에서 작용한 법이 과거로 지나가는 것을 전통적인 용어로 '낙사落謝'라고 한다. 과거에는 낙사한 법이 무한하게 존재하고 있다.

영화의 경우 화면 이동속도는 1초에 24화면, 즉 한 화면이 약 100분의 4초인데 이것이《구사론》에서 말하는 한 찰나에 해당한다. 거의 비슷한 수준의 시간 단위라 흥미롭다. 실제로는 한 화면 한 화면이 정지된 평범한 사진이지만, 그것을 이 정도 속도로 연속해서 스크린 위에 흘려보내면 움직이는 영상으로 보인다. 눈의 착각이다. 영화는 스크린 위에서 생기는 특수한 현상이라지만,《구사론》은 우리들 세계 전체가 그렇게 되어 있다고 말한다.

유위법은 끊임없이 미래에서 현재로 흘러 한 찰나만 현재에 그 모습을 나타내어 작용하고 곧바로 과거로 낙사한다. 그것은 영화화면과 같이 연속적인 움직임이 아닌 정지된 한 화면씩 구분되어져 나타나는 불연속적인 현상이다. 따라서 이 세상의 모습을 그대로 정확하게 볼 수 있다면 정지된 유위법의 집합체가 한 찰나마다 나타났다가 사라지기를 반복하는 정지 화면의 연속이다. 그러나 우리 인식능력은 그것을 인식할 수 없다. 착각에 의해 "하나의 실재 세계가 천천히 모습을 바꿔가며 연속적으로 변한다" 하고 사로잡힌다. '나'라는 존재에 대해서도 그렇다. "나라는 하나의 실체가 있어서 그것이 시간과 함께 변화하며 이어진다" 하고 잘못 인식하고 있다. 나아가 그것이 무아의 세계에 아(나)를 상정하는 과실로 이어진다. 그렇기 때문에 세상의 모습을 바르게 보기 위해서는 이러한 시간 개념을 바르게 이해하지 않으면 안 된다.

미래잡란주 未來雜亂住

영사기의 비유로 《구사론》의 시간론 개요를 이해했으리라 생각되기에 여기서 다시 한 곳에 중대한 정정을 하려고 한다. 지금까지 설명해온 영사기 구조는 위아래 두 개의 필름통이 있고 필름이 위에서 아래로 흘러가는 사이에 램프 빛을 만나 스크린에 영상을 비추는 것이었다. 그러나 《구사론》의 시간론에서 단 한 곳에 이 비유가 맞지 않는 부분이 있다. 그건 '미래의 필름통'이다. 만약 미래의 유위법이 영사기와 같이 필름통에 말려져 있다면 현재에 나타날 순서가 미리 정해져 있다는 뜻이다. 영화라면 당연하다. 처음부터 이야기 순서가 있어서 그대로 필름 화면이 나열되어 스크린에 비춰지기에 영화에는 정해진 스토리가 있다. 그렇기 때문에 어느 영화관에서 봐도 같은 얘기고 몇 번을 다시 봐도 스토리는 변하지 않는다.

그러나 현실의 세상은 처음부터 미래가 결정되어 있을 리가 없다. 법은 미래에서 현재로 차례차례 찾아오지만 어떠한 법이 어떤 순서로 나타날지는 먼저 나타났다가 이미 과거로 낙사해버린 법이나, 또는 지금 작용하는 현재법을 조건으로 결정된다. 우리 눈으로 볼 때 미래 법은 일정한 순서가 존재하지 않고 어느 것이 어떠한 순서로 현재에 나타날지 미리 알 수 없다는 점에서 미래의 법은 랜덤이다. 물론 이 세상 모든 법의 상태를 이해하여 그물코와 같은 상호 관계를 하나도 남김없이 이해한다면 미래에 생겨날 내용을 미리 알 수 있을지도 모른다. '붓다에게는 그러한 힘이 있다'고 생각하는 사람들도 있으나 붓다에게 힘이 있든 없든 우리와 관계없는 이야기다. 우리처럼 평범한 생명체는 어느 미래법이 어떠한 순서로 현재에 나타날지 전혀 예측할 수도 헤아릴 수도 없다. 이것을 '미래잡란주未來雜亂住'라고 한다.

그렇기 때문에 이 점에 관해서는 영사기의 비유를 사용할 수 없다. 두 개의 영사기 필름통 중 위의 필름통은 존재하지 않는다. 필름통 대신에 큰 봉지가 달려있다. 큰 봉지 속에는 필름을 한 화면 한 화면씩 가위로 자른 사진이 뒤엉켜 날리고 있다. 그 수는 무한이다. 봉지 속에 어지럽게 날리는 필름 조각(화면)의 무리가 미래의 법이다(그림 3-3). 봉지는 아래를 향하고 있고 입구는 꽉 죄어져 있어 한 찰나에 한 화면의 사진만 나온다. 어떤 화면이 나올지는 현재나 과거의 법 상태에 의해 정해지기 때문에 미리 예상할 수 없다. 나오고 나면 비로소 "아, 이것이 나왔구나!" 하며 놀라거나 좋아하거나 혹은 괴로워한다. 이것이 《구사론》의 시간론과 영사기와의 차이점이다. 키무라 타이켄 씨는 이 점에 대해서도 충분히 이해하고 미래의 필름통을 필름 조각조각으로 바꿔두었다. 실로 대단한 통찰력이다.

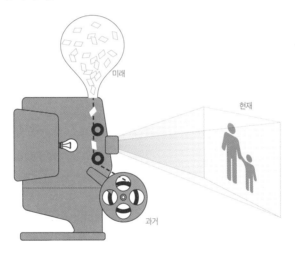

그림 3-3　미래잡란주未來雜亂住

미래법이 날리고 있는 봉지 입구와 램프 빛이 만나는 부분, 즉 '현재'와의 접합 부분이 조금 이해하기 어려워 다시 설명하겠다.

봉지 속 미래의 화면은 완전히 랜덤으로 날리고 있다. 그중 한 화면이 현재로 옮겨 온다고 하자. 그때 그 화면은 랜덤 상태에서 갑자기 현재에 나타나는 것이 아니다. 현재에 나타나기 한 찰나 전에 야구장 불펜이나 출연 대기실과 같은 장소가 있어 일단 거기로 들어가 차례를 기다렸다가 한 찰나 뒤 본 무대에 올라 스크린에 비춰진다. 미래법은 전부 랜덤이지만 현재에 나타날 한 찰나 전의 법만은 아직 미래에 있더라도 출현 순서가 결정되어 있다. 현재의 한 찰나 전 단계를 '정생위正生位'라고 한다. 선택된 화면 조각은 미래법 봉지 입구에 붙어 있는 '정생위' 필터에 끼워진다. 그 필터는 그대로 램프 앞의 '현재'와 이어져 있다. 필터에 끼워진 화면 조각은 다음 찰나에 자동으로 '현재'로 보내져 스크린에 영상을 비춘다. 그리고 그때 비워진 필터에는 다음에 '현재'로 보내질 화면 조각이 끼워져 있는 구조이다(그림3-4).

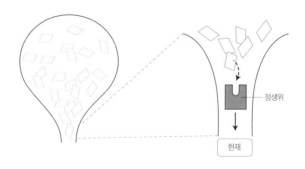

그림 3-4 정생위正生位

미래법이 랜덤인 것에 비해 과거법은 영사기와 똑같이 순서대로 감겨져 있다. 왜냐하면 과거의 법은 현재에서 작용을 마친 법이 낙사해 가기 때문에 순서가 정해져 있다. 스크린에 비춰진 순서대로 나열되어 필름통에 감겨진 한 통의 필름이라는 비유가 그대로 들어맞는다. 그리고 몇 번이나 말하지만 그것은 두 번 다시 현재로 역행하지 않고 과거세에 계속 머물러있다.

이상이 《구사론》이 말하는 시간론의 구조이다. '삼세실유', '찰나멸', '제행무상'이라는 용어의 의미와 적용 범위에 대해서 이해했을 것이다. 시간론의 특징은 '시간'이라는 특정 실체를 상정하지 않는 점이다. 제1장에서 설명했듯이 세계를 구성하는 요소는 75종류의 법이지만 어디에도 '시간'이 포함되어 있지 않다. 시간이 법이 아니라는 것, 즉 시간은 실체가 아닌 가설이라는 것이다. 미래법이 현재로 이행되고 곧바로 과거로 낙사해간다. 우리는 이 법의 변이상태를 '시간'이라고 파악하는 것뿐이며 거기에 독립된 시간이라는 법은 없다. 그래서 미래에서 현재, 현재에서 과거라는 변이 상태에 관계되지 않는 법은 모두 시간이 흐르지 않는 상태이다. 미래의 봉지 속에서 날리는 화면 조각도, 과거 필름통에 감겨진 필름도, 전부 시간이 흐르지 않는 '멈춰진 법'이다. 정생위에 있는 화면 조각이 현재로 이행되고 곧바로 과거로 내려가는 불과 세 찰나의 움직임, 그것만이 시간의 정체다.

시간론의 구조를 다시 정리해보자. 이 세상에는 세 개의 무위법과 72개의 유위법이 존재 요소로서 실재하는데, 그 가운데 유위법 72개는 과거, 미래, 현재라는 영역 어딘가에 속하는 형태로 존재한다. '과거, 미래, 현재라는 시간적 구분으로 존재한다'라는 의미에서 모든 유위법은 시간 그 자체라고 생각할 수도 있다. 그래서 《구사론》에서는 "유위법은 시간이다"라는 표현을 한다. 그러나 시간이라는 것은 어디까지나 구분으로서 시간이며 '흐름'이 아닌 '상태'에서 본 정의다. 그것과 별개로 시간을 흐름으로 생각하는 경우는 유위법이 미래에서 현재, 그리고 과거로 이행하는 세 찰나야말로 시간의 본질이다. 《구사론》의 관점에서 말하면 시간은 '과거, 미래, 현재라는 유위법 3종의 형태로 정적인 시간'과 '유위법이 미래에서 현재, 현재에서 과거로 이행해가는 과정을 가리키는 동적인 시간'이라는 두 가지 개념이 겹쳐져있다.

《구사론》의 이론과 영사기 비유와의 차이

여기서 예를 든 영사기 비유는 상당히 적절해서 이 이상 알기 쉽게 삼세실유 세계의 시간론을 표현할 수 있는 것은 떠오르지 않는다. 그러나 과학에 관심있는 사람이라면 누구나 비유라는 것은 상당히 취급하기 어려운 위험물이라고 생각할 것이다. 어떤 현상을 엄밀하고 바르게 말하는 방법은 '그 현상을 바르게 말하는 것' 이외에 없다. 그것을 다른 현상에 비교하여 비유로 말하는 건 속임수와 같다. 설명하는 사람이 보기 좋은 공통점만 특별히 강조하고, 좋지 않은 차이점은 눈을 감는 자의적인 조작이 반드시 포함되기 때문에 정확도가 흔들린다. 예를 들어 양자론의 입문서에서 물질의 형태를 '파장(波)'이나 '입자粒子'라는 일상적 개념에 비유하여 말하는 경우가 많지만, 실제로 물질은 파장도 아니고 입자도 아닌 특정 수식으로밖에 나타낼 수 없는 '무언가'이다. 그것을 '파장'이나 '입자'라고 비유 표현만 강조되면 오히려 실체를 파악하는 데 장애가 된다. 비유는 가능한 사용하지 않는 것이 논리 사고의 원칙이다.

그러나《구사론》의 기발한 세계관을 소개하려면 역시 비유를 하지 않을 수 없다. 특히 영사기 비유는 '2,000년 전 인도에도 영화가 있지 않았을까?' 하고 생각할 정도로《구사론》의 이론과 잘 들어맞는다. 표현을 바꾸면 '영사기라는 모델도 없던 시대에 불교 승려들이 잘도 이렇게까지 다이나믹한 시간론을 구축했다'는 깊은 감동을 느끼게 된다.《구사론》의 시간론과 영사기 비유는 실제로 정밀하게 짝을 이루지만, 그렇기에 차이점을 확실히 명시해 둘 필요가 있다. '모든 것이 영사기와 같다'고 오해하는 일이 가장 곤란하기 때문이다.

삼세실유에 있어서 미래법은 출현 순서가 정해지지 않은 '미래 잡란주' 상태라는 것이 둘의 차이점이라고 앞서 지적했다. 그리고 지적해 두지 않으면 안 되는 다른 하나는 한 화면(조각)의 내용이다. 이 세상은 영화 필름과 같이 '현재'라는 스크린에 한 화면씩 정지화면이 나타났다가 사라지고 다시 나타났다가 사라지며 연속으로 움직인다. 그 경우 필름의 한 화면에 나타나는 것은 도대체 어떤 부분인가? 이 세계 전체가 나타나는가, 아니면 한 사람 한 사람 생명체의 개체가 나타나는가, 또는 72개의 유위법 하나하나가 한 화면에 해당하는가?

이 질문에 대답할 수 없다. 《구사론》의 경우 흘러가는 법을 필름 한 화면이라는 특정한 틀 내부로 한정해서 볼 리가 없다. 모든 유위법은 찰나마다 전부 교체되어 바뀐다는 견해밖에 없기 때문에 여기에 영사기 비유는 적합하지 않다. 그래도 무리하게 둘을 대응시키려면 필름 화면에 전 우주를 형성하는 모든 유위법이 나타난다고 해야 가장 타당하다. 한 화면 한 화면이 전 우주이며 그것이 찰나마다 차례차례 미래의 화면으로 바뀐다. 자세히 살펴보면 무기적인 환경에서 살아가는 나나 당신이나, 코끼리나 소나, 하늘 신이나 지옥에서 고통받는 생명들이 있다. 그러한 생명체를 불교에서는 유정有情이나 중생衆生이라고 한다. 게다가 확대해서 보면 실은 각각의 유정도 무수한 기본 요소의 집합체라는 것을 알 수 있다. 나도 당신도 실제로는 색법이나 심·심소법이 모인 것에 불과하다. 위에서 내려다보면 전 우주이며 확대해서 보면 72종류 유위법의 집합체가 한 화면 속에 전부 들어있고 그 화면이 찰나마다 갱신되는 이미지로 파악하는 것이 가장 가깝다.

2 | 업과 시간의 관계

다음으로 《구사론》의 세계관 중에서 특히 중요한 업業의 작용과 시간론의 관계에 대해서 살펴보겠다. 앞서 설명했듯이 업이라는 것은 좋은 일을 하면 미래에 좋아하는 일이 생기고, 나쁜 일을 하면 반드시 싫어하는 일이 생긴다는 윤리적 인과법칙이다. 심소법의 하나인 '악'이 그 근원이라는 것은 제2장에서 설명했다. 사思의 작용이 선악 어느 쪽에 크게 기울어지면 그 파워는 특수한 원격력으로 미래에 생겨날 일을 예약한다. 조금 더 상세하게 설명하겠다.

이숙異熟

업의 기본 원리는 좋은 일이나 나쁜 일을 하면 ①나중에 ②반드시 ③전혀 다른 형태로 과보가 찾아온다는 것이다. 여기에 번호를 붙여서 세 가지의 조건을 나타냈다.

①의 '나중에'라는 것은 원인과 결과 사이에 반드시 어느 정도 간격이 있고 간격의 길이는 아무리 길어도 상관없다는 뜻이다. 예를 들어 강도질을 하여 악업을 지었다면 그 업의 결과는 언제 나타날지 전혀 알 수 없다. 반드시 어느 정도의 간격이 들어있는 조건 때문에 강도질한 직후 찰나에 그 결과가 나타나는 것만은 절대로 없다. 그러나 두 번째 찰나에 나타날지 모르고 어쩌면 100번, 1,000번이나 다시 태어나고 죽는 것을 반복한 뒤에 나타날지도 모른다. 이것이 ①의 '나중에'라는 조건의 의미다.

원인과 결과의 간격 길이가 어느 정도 될지는 미정이지만 그 간격이 아무리 길더라도 일단 예약된 업은 반드시 나타난다. 강도의 악업이 긴 간격 사이에 흐지부지되어 결국 아무 일도 생기지 않는 일은 절대로 없다. 이것이 ②의 '반드시'라는 조건이다. 업의 파워는 예약된 이상 힘의 강약에 상관없이 반드시 언젠가 결과를 '현재'로 끌어당겨 나타나게 한다.

그리고 거기에 '전혀 다른 형태로'라는 조건③이 붙는다. 자신의 행위 내용과는 전혀 다른 형태로 결과가 되돌아온다는 것이다. 강도질로 사람을 때리고 돈을 빼앗았다고 하자. 이것이 '나의 행위'이다. 그것은 악업이 되어 미래의 결과를 예약하지만 결과는 강도질과는 조금도 비슷하지 않은 전혀 다른 형태를 띠고 나타난다. 내가 강도질을 했다고 해서 그 결과로 내가 누군가에게 맞거나 돈을 빼앗기는 것이 아니다. 강도질과는 아무 관계없는, 예를 들어 지옥에 태어나 몇 천 년이고 괴로움을 받거나, 아귀餓鬼가 되어 몇 백 년이나 공복으로 괴로워하는 과보를 받게 된다. 여기서 특히 중요한 포인트는 원인이 되는 행위가 선악 어느 쪽인가에 비해 과보인 결과는 선도 악도 아닌 무기(無記, 뉴트럴)라는 점이다. 이것에 대해서 바로 뒤에서 설명하겠지만 어찌 되었든 업의 인과관계에서는 원인과 결과가 전혀 다른 양상으로 나타난다.

이와 같이 업의 파워는 시간적으로 불확정이기 때문에 언제 어떤 형태로 나타날지 예상 불가능하지만 반드시 나타난다는 것만은 틀림없다. 그러한 특성을 지니고 있다. 이러한 성질을 불교용어로는 '이숙異熟'이라고 부른다.

이것을 방금 말한 시간론 구조와 겹쳐서 보면 다음과 같다. 내가 '현재'라는 단계에서 강도질을 했다면 악업의 파워가 발생한다. 그것은 시간을 초월해 미래법에 영향을 준다. 영사기에 빗대어 말하면 미래의 큰 봉지 속에서 흩어져 날아다니는 무수한 미래법 중에 어떤 특정 화면에 신호가 보내져 그 화면에 '예약 표시'가 붙는다. 봉지에서 날아다니는 미래법에는 이제부터 생길지도 모르는 모든 가능성이 포함되어 있다. 그렇다고 해서 모든 일이 반드시 실현되는 것은 아니다. 그중에는 비택멸법에 의해 결코 현재에 나타나지 않는 것이 확정된 법도 있다. 그러나 업의 신호를 수신해 '예약 표시'가 붙은 법은 실현성이 보증된다. 언젠가 반드시 '현재'로 이행되는 것이 확정된다. 그 예약의 힘을 나중에 변경하거나 취소하는 것은 불가능하다. 일단 예약 표시가 붙은 법은 반드시 실현된다. 다만 수행을 쌓은 사람이라면 그 법이 실현되는 시기를 어느 정도 조절할 수 있다고 한다. 그렇다 하더라도 예약 표시의 힘은 절대적이다.

업의 작용과 무기의 현상

이와 같이 업은 우리가 행한 선악의 행위가 시간을 두고 결과를 초래한다는 이론이지만 주의해야 할 것은 그렇게 초래된 결과는 선악 구분이 없다는 점이다. 좋은 일을 하여 그 결과로서 나타나는 내용은 선도 악도 아닌 무기(뉴트럴)다. 나쁜 일을 한 결과도 똑같이 무기다. 업의 결과는 모두 무기다. 이 부분은 조금 이해하기 어려울지도 모르기에 자세히 설명하겠다.

예를 들어 강도질을 하여 그 결과 일곱 번 다시 태어난 뒤 여덟 번째 지옥에 떨어졌다고 하자. 지옥에 떨어진 것이 강도질이라는 악업의 결과이지만, 그 결과는 악이 아닌 '고통(苦)'이다. 여기서 악과 고를 구별하여 생각하지 않으면 안 된다. 악이란 우리가 이렇게 해버리자, 저렇게 해버리자 하고 생각하는 사악한 의사이며 사악한 행위이다. 그리고 그러한 악의 결과로 나타나는 '지옥에 떨어짐'이라는 현상은 '괴로운 상황'이다. 사악한 행위(악)가 괴로운 상황(고)을 낳는다. 사악한 행위(악)가 다른 사악한 행위(악)를 낳는 것이 결코 아니라는 점에 주목해야한다. 이와 같이 선량한 행위(선)가 좋은 상황(낙)을 낳는다. 선인善因 → 낙과樂果, 악인惡因 → 고과苦果이다. 그리고 그 낙과나 고과라는 결과는 선악의 개념과는 전혀 관계없는 무기의 현상이다.

여기서 중요한 점은 선악과 관계없는 무기 현상은 자신이 원인이 되어 다음 업을 만들지 않는다는 것이다. 선이나 악 어느 쪽의 현상만이 업을 만들기 때문이다. 즉 업의 원인·결과 관계는 한 번에 완결되는 것으로 '결과가 원인이 되어 다음 결과를 낳고, 그것이 다시 원인이 되어 다음 결과를 낳는다'는 연쇄 관계는 없다. 선이나 악의 원인이 무기의 결과를 낳고 그 무기의 결과는 다음 결과를 만들어내는 힘이 더 이상 없기 때문에 그 단계에서 인과관계가 종료된다. 이 원리는 불교에 있어 매우 큰 의미를 가진다. 불교라는 종교의 목적은 업의 힘으로 생기는 윤회의 속박을 벗어나 두 번 다시 태어나지 않는 상태에 도달하는 것이지만, 그러기 위해서는 업의 인과관계를 끊지 않으면 안 된다. 만일 업의 인과관계가 연쇄적으로 영원히 이어지는 것이라면 절대로 그건 끊을 수 없다. 인과관계가 한 번에 끝나는 것이기에 비로소 업의 작용에서 벗어나 두 번 다시 태어나지 않는 열반의 상태를 실현할 수 있다는 목표 설정이 가능해진다.

불교의 본질이란

이상으로 '삼세실유설'의 시간론과 그것을 토대로 하는 업의 인과 관계에 대해서 설명했다. 여기서 다시 한 번 제1장에서부터 제3장까지의 내용을 정리하여 아비달마불교의 본질을 확인해두겠다.

이 세계는 법이라고 불리는 75종의 구성 요소가 조합되어 이루어져 있다. 물질 영역은 색법이라고 불리며 인식하는 색법과 인식되는 색법으로 구분된다. 어느 쪽이든 분석해보면 최종적으로 극미라는 미립자에까지 이르게 된다. 생물은 색법으로 육체뿐만 아니라 내부에 심·심소라는 독자 영역을 내포하고 있다. 그러나 그것이 '자아自我'는 아니다. 어디에도 독립된 '자아'는 존재하지 않는다. 심·심소는 하나의 심, 즉 인식과 그것에 부수되는 총 40종류 이상의 심소법 복합체이다. 심소 중 하나인 '사思'는 이른바 의사작용이지만 이것이 선악의 어느 쪽에 강하게 작용하면 업의 파워를 만들어 자신의 미래 가능성을 끄집어낸다. 그렇기 때문에 살아 있는 것은 영원히 윤회한다.

그리고 '사'를 선이나 악으로 강하게 작용시키는 요인이 되는 '특정 심소법' 또는 '특정 심소법의 특정 작용'을 번뇌煩惱라고 한다. 그렇기 때문에 수행으로 번뇌를 지우면 사思가 업을 만들 수 없고, 업이 사라지면 윤회가 멈추는 구조이다.

구체적으로 어떻게 번뇌를 지우고, 어떻게 업의 작용을 불식시

킬 것인가 하는 불교 수행론은 이 책에서는 다루지 않겠으나 대강의 틀을 설명하면 강한 정신 집중으로 자신의 심·심소의 상태를 관찰하고, 반복적인 정신 트레이닝으로 번뇌를 근본부터 끊어 두 번 다시 생기지 않는 상태를 실현하는 것이다.

업의 인과관계는 시간을 초월해 원인과 결과가 호응한다는 점에서 다소 특이한 현상이다. 이 현상을 설명하는 것이 '삼세실유설'이다. 과거, 현재, 미래의 삼세에 걸쳐 유위법은 실재하기 때문에 현재의 단계에서 작용한 법의 영향력이 곧바로 미래의 법에 전해져 실현성을 예약한다. '삼세실유설'의 메커니즘은 필름 조각이 제각각 날리는 큰 봉지가 달린 영사기와 같다. 미래에서 현재로 그리고 과거로 흘러가는 무수한 화면의 연속이 이 세상의 전변을 나타내고, 거기에 '제행무상', '제법무아'라는 불교의 근본 원리가 나타난다.

3 | 세친의 사상과 카오스 세계관

본 장의 마지막에서 잠시 옆길로 빠지려고 한다. 앞서 《구사론》의 작자인 세친世親은 표면상 본류의 정통설을 소개하는 모양을 지니면서 때때로 경부經部라는 자신이 속한 학파의 주장을 곁들이고 있다는 것을 지적했다. 실은 시간론에 관해서도 세친의 본심은 '삼세실유설'을 인정하지 않는다. 세친은 "과거도 미래도 실재하지 않는다. 존재하는 것은 현재의 법뿐"이라고 생각한다. 영사기와는 전혀 다른 이미지로 시간 흐름을 보고 있다. 반면에 업의 인과관계는 분명히 있다고 생각한다. 그렇게 되면 여기서 곤란하다. 법은 현재에만 존재하는데, 현재라는 상태에서 행해진 행위의 결과가 어떻게 미래의 결과를 당겨올 수 있는가? '삼세실유설'의 경우라면 '미래법도 실재하기 때문에 그것이 업의 힘에 의해 예약된다'라는 설명이 가능하지만, '현재에만 있다'는 전제에서 업의 인과관계는 합리적으로 설명될 수 없다.

생명체의 상태를 변화시키는 현재의 행위

만일 불교가 무아설이 아닌 '나(我)라고 하는 불변의 실체가 있다'고 주장하는 종교였다면 이 문제도 간단하게 해결된다. '내가 업의 에너지를 업고 현재에서 미래로 이어져 있어 어느 특정 조건하에 그 결과를 받는 것이다'라고 생각하면 된다. 나라고 하는 불변의 실체가 있다면 그것을 업의 인과관계 전달자로 설정할 수 있다.

그러나 불교는 '무아'를 주장한다. 나라는 불변의 실체는 어디에도 없다고 말한다. 그렇게 되면 먼 미래까지 시간을 초월해 업의 작용을 전달하는 전달자가 어디에도 없다는 뜻이다. 나라는 실체는 어디에도 존재하지 않고 무수한 요소의 집합체로서 가설의 '내'가 찰나마다 나타나고 사라진다. 단순히 그것뿐이다. 그러한 우리에게 현재 행한 좋은 행위나 나쁜 행위의 결과가 먼 시간 간격을 두고 반드시 게다가 인(因)과는 전혀 다른 모습으로 나타난다. 이런 현상은 도대체 어떠한 메커니즘으로 가능한가? 이건 과거도 미래도 존재하지 않는다고 생각한 세친이나 그 소속 학파의 사람들에게 주어진 문제다. 그것에 대한 세친의 대답은 다음과 같다.

어떠한 생명체도 '나'라고 불리는 본체는 없다. 살아있는 것은 모두 다양한 요소의 집합체에 지나지 않는다. 게다가 그것은 찰나로 생멸하기 때문에 한순간마다 전혀 다른 것으로 변천한다. 무엇하나도 영원히 존재하는 것은 없다. 그런 생명체가 어떠한 좋은 것

또는 나쁜 것을 생각하거나 행했다고 하자. 그것은 일상적으로 아무것도 아닌 뉴트럴한 평범한 행동과는 달리 강한 자극을 가지고 있다. 따라서 생명체의 상태를 어떠한 형태로 변화시킨다. 예를 들어 강도질을 저질렀다면, 그것은 대단히 악랄한 행위이기에 강도질을 저지르는 시점의 심신 상태는 보통 생활에서 밥을 먹거나 산책할 때의 상태와는 전혀 다른 특수한 형태를 지닌다. 지극히 특수한 상태를 경험해 '나'라는 것을 구성하는 모든 구성 요소의 집합 상태에 극묘한 변화가 생긴다. '실제로 강도질을 한 나'의 요소 결집 상태를 '강도질을 하지 않은 나'의 상태와 비교하면 어디가 어떻게 다르다고 꼭 집어서 지적할 수는 없지만, 모든 구성 요소의 모습이나 결합 관계 속에 극묘하지만 절대적인 차이가 생긴다. 이것이 업의 본성이다.

선행이나 악행의 영향으로 '나'에게 생겨난 변화는 그 시점에는 너무나 극소하기 때문에 누구도 인식할 수 없다. 내가 강도질을 하면 그것으로 내 상태는 변화하지만 매우 미세하여 나 자신을 포함한 그 누구도 알지 못한다.

미세한 변화의 영향

이 세상은 '제행무상'이기에 생명체를 구성하는 모든 요소도 찰나마다 바뀐다. 모든 것은 시시각각 모습이 바뀐다. 이 상태를 앞에서 영사기 비유로 설명했는데 어디까지나 '삼세실유설' 입장에서 설명한 것이라 '과거도 미래도 존재하지 않는다'고 생각한 세친의 시간론에는 사용될 수 없다. 세친이 생각하는 이미지에 따르면 지금 현재 시점에서 세상은 모든 요소의 집합으로 존재하며 찰나마다 완전히 소멸한다. 그러나 존재한 찰나의 요소 상황이 어떠한 영향력을 잔류시켜 그것이 다음 찰나의 모든 요소를 새롭게 이루어 세계를 만든다. 이러한 프로세서의 연속이 시간의 흐름이다. 그렇기 때문에 구성 요소의 집합체에 포함된 업의 영향력도 극소한 변화로서 이 프로세서를 통해 유지된다. 찰나에서 찰나로 누구에게도 발각되지 않고 조직 전체에 두루 가득 찬 형태로, 그리고 어떠한 외부의 힘에 의해 감소되지도 않고 이 힘은 확실하게 전달된다.

만약 그것이 언제까지나 극소한 채로 이어진다면 특별히 어떤 문제는 없다. 그것뿐이다. 아무리 극소한 흔들림이 전해지더라도 그것이 조직 전체에 변화를 줄 리 없으니 무시해도 되지 않을까. 그러나 그건 그렇지 않다.

강도질을 한 것으로 나라는 존재 속에 있던 극소한 변화는 누구에게도 인식되지 않는 채로 찰나에서 찰나로 유지된다. 그러나 그것이 어느 순간 갑자기 거대한 현상의 주역으로 등장한다. 이것이 업의 무서운 점이다. 아무리 작은 변화라도 결코 지워지지 않고 전달되어 어느 순간 생각지도 못한 대이변으로 모습을 나타낸다. 예를 들어 강도질을 하여 생긴 변화는 그 후 다시 태어나고 죽는 것을 반복하는 사이에도 계속 유지되어 어느 순간 갑자기 '지옥에 떨어짐'이라는 과격한 결과의 주된 원인으로 작용한다. 만일 내가 강도질을 하지 않았다면 '지옥에 떨어짐'은 없을 테지만, 강도질에 의한 극소한 변화가 극적으로 작용하여 지옥에 떨어지는 큰 변화가 생기는 것이다. 물론 이것은 나쁜 업의 이야기만은 아니다. 반대로 좋은 일을 하여 극소한 변화를 이어 받는 경우에는 언젠가 크게 변용하여 예를 들면 천계天界의 신으로 태어나는 안락한 결과를 가져온다.

이와 같이 과거나 미래의 실재를 상정하지 않더라도 선악의 행위로 현재의 생명체 속에 미세한 변화가 생기고 그것이 계속 전달되어 어떤 특정 조건이 갖추어진 시점에 거대한 변용을 일으킨다. 게다가 그것이 처음 원인과는 전혀 닮지 않은 모습과 스케일이라면 업의 이론은 설명이 가능하다. 이 메커니즘에 의하면 앞에서 말한 업의 기본 원칙, 즉 "좋은 일이나 나쁜 일을 하면 ①나중에 ②반드시 ③전혀 다른 형태로 과보가 찾아온다"라는 성질도 설명된다. 이러한 메커니즘을 《구사론》에서는 '상속전변차별相續轉變差別'이라고 한다. 시간적으로 계속되는 요소 집합체(상속)가 어느 시점에서 특이한 상태로 급격하게 변화한다(전변차별)는 의미다.

나라고 하는 존재는 지금 현재의 시점에서 무수한 요소의 집합체로 실재한다. 그 요소의 관계성 속에는 과거 수많은 태어남과 죽음 사이에 내가 행한 선행과 악행의 미세한 변화가 산과 같이 축적되어 있다. 그것들은 평상시에는 미세한 채로 유지되어 겉으로는 나타나지 않는다. 그러나 세상의 다양한 상황 변화 속에서 어쩌다 조건이 갖추어져 대이변의 원인으로 작용하는 중대한 사태에 이르면 바깥으로 나와 엄청난 작용을 일으킨다. 내 속의 어떤 변화가 언제 결과를 일으킬지는 알 수 없다. 인간의 지혜로는 알 수 없다. 매우 복잡하게 뒤얽혀진 상호관계 속에서 출현 조건이 우연히 갖춰지면 거대한 작용을 일으킨다. 따라서 그것은 결정론이면서도 알 수 없다.

카오스이론과의 접점

《구사론》 속에서 세친이 생각하는 업의 구조가 세상에 명확하게 알려지게 된 것은 아주 최근으로 불과 30년 정도밖에 되지 않았다. 난해한 《구사론》을 고생하여 해독해 드디어 그 의미를 알게 되었다. 공로자는 오오타니(大谷)대학의 효우도우 카즈오(兵藤一夫) 교수이다. 그 훌륭한 논문을 읽은 순간, 아쉽게도 나는 그때까지 카오스이론을 전혀 몰랐다. 만약 알았다면 "아, 이건 카오스이론이 아닌가"라며 기뻐서 펄쩍 뛰었을 것이다. 읽고 난 후의 감동도 수십 배였을 것이다.

20세기 후반의 신생 과학의 하나인 '카오스이론'은 컴퓨터 발달로 처음으로 우리 앞에 그 민낯을 나타냈다. 우리 세계는 무수한 요소가 서로 관계 맺으며 어떠한 조직을 형성하는 형태가 도처에 보인다. 전형적인 것이 우리 자신, 즉 생명체다. 그것은 특정 불변의 코어core를 중심으로 성립하지 않는다. 모든 것은 계속 변용하는 요소의 집합체로 서로에게 영향을 준다. 상대에게 영향을 주어 변용하면 상대가 변용한 것에 의해 이번에는 자신에게 영향이 되돌아온다는 '무한 영향력의 응수應酬'의 결과로 어떻게든 정리된 하나의 형태를 가지는 그런 존재다.

이런 조직은 요소의 일부에 눈에 보이지 않을 정도로 아주 미세한 극소의 변화가 더해져도 반드시 조직 전체에 영향력이 작용한다. 처음에는 전혀 눈에 띄지 않는 형태로 누구에게도 발각되지 않고 유지되나, 시간이 지나면 그 효과가 작용되어 이윽고 폭발적인 변화를 낳는다. 조금씩 영향이 보이는 게 아니라 어느 순간 갑자기 작용한다(그림 3-5).

이 현상이 수학적으로 바르게 논증된 것은 불과 수십 년 전의 일이다. 방대한 계산을 처리할 수 있는 컴퓨터가 발달되면서 처음으로 알게 되었다. 그 전까지 많은 사람들은 이렇게 생각했다. '거대한 조직 속에 외부에서 아주 미세한 변화가 더해지더라도 조직 자체의 전체적인 틀은 조금도 바뀌지 않을 것이다. 극소한 변화는 다양한 다른 움직임 속에서 옅어져 언젠가 사라져버린다. 극소한 변

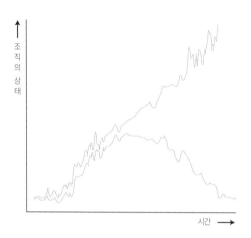

그림 3-5　초기 값의 근소한 차이가 큰 차이로 벌어지는 두 개의 비선형非線形 그래프

화 따위는 무시해도 상관없다.' 그러나 그게 틀렸다는 것을 알게
된다. '무한 영향력의 응수'로 성립된 조직은 더해진 변화가 사라
지지 않고 계속 유지된다. 게다가 때때로 조건이 갖추어지면 그 변
화가 원인이 되어 두려울 정도의 대변동을 일으킨다. 이것이 카오
스이론의 등장으로 인류가 새롭게 알게 된 '이 세상의 모습'이다.

　그러한 카오스적인 집합체가 당신 앞에 있다고 하자. 그리고 당
신에게 이렇게 묻는다. "이 조직은 지금부터 어떤 작용을 할 거라
고 생각합니까?" 그것을 알기 위해서는 지금의 조직 상태를 정밀
하게 알아야 할 필요가 있다. 처음 단계에서 아주 작은 차이만으로
도 그 후 조직의 작용이 점점 바뀌기 때문에 지금 조직의 상태를
엄밀하게 알아두지 않으면 앞으로의 예측은 할 수 없다. 그럼 어

느 정도로 엄밀하게 알면 앞으로의 작용을 정확하게 예상할 수 있는가? 물론 아무리 엄밀하게 알아도 앞으로의 조직 작용을 바르게 예상하는 것은 불가능하다. 예를 들어 어떤 수치를 소수점 100단위까지 계산하여 "이만큼 엄밀하게 측정했으니까 이 숫자를 토대로 앞으로의 작용을 예측하면 반드시 맞을 것이다"라고 해도 틀린다. 101행째의 숫자가 1인가 2인가의 차이가 반드시 미래 조직의 작용에 큰 엇갈림을 초래한다. 그렇기에 101행째 숫자를 확실히 알아두지 않으면 안 된다. 그러나 101행째를 계산했어도 102행째를 모르면 역시 정확한 예측이 성립되지 않는다. 결국 조직의 상태를 '신의 관점에서 완전하고 완벽하게' 파악하지 않는 이상 예측은 무리다.

일기예보조차도 1주일이나 10일이라면 예측이 가능하다. 한 달, 두 달이라도 어떻게든 예측을 한다. 그러나 시간 간격이 길어지면 예측이 급격하게 맞지 않는다. 카오스이론이 작용하기 때문이다. 1년 후, 2년 후의 일기예보 따위는 있을 수 없다. 상상을 뛰어넘는 양의 요소가 모여 이루어진 기상 현상을 예상하는 것은 본질적으로 불가능하다.

이건 《구사론》 중에서 세친이 설한 '상속전변차별' 이론과 매우 흡사하다. 실제로 지금까지 몇 번 과학자들 앞에서 '상속전변차별'을 소개한 적 있는데 "그건 카오스가 아닙니까?"라는 반응으로 놀라워했다. 1,500년 전 고대 인도의 승원僧院에서 사색에 들던 승려들이 이 세상을 카오스적으로 생각했다는 것은 매우 흥미롭다.

어째서 '상속전변차별설'이 카오스적인지 생각해보자. 그건 불교가 과학을 앞선다든가 석가모니의 지혜가 현대 과학 위에 있다든가 하는 자만심의 이야기가 절대로 아니다. 첫 번째 이유는 이론을 설정하는 조건의 구조가 우연히 같은 것이다. 사람을 요소의 집합체로 보는 것, 그 요소가 특정한 결정론적 상호작용으로 결합한다고 상정한 것, 업의 작용으로 극소한 변화가 반드시 시간을 두고 전혀 다른 형태로 결과를 초래하는 것, 이상의 조건을 충족시키는 메커니즘을 생각해보면 카오스이론에 이르게 되는 것은 당연하다. 물론 불교는 그것을 수학 이론에까지 접목시키는 것은 할 수 없지만 세상의 본질을 상당히 통찰하고 있다고 말할 수 있다. 석가모니의 근본 가르침인 '제행무상', '제법무아', 그리고 모든 것은 요소의 인과관계로 성립한다는 '연기緣起' 사상, 이러한 통찰을 철저하게 진전시킨 곳에 현대 과학에도 통하는 세계관이 나타난다. 역시 석가모니의 '사물을 보는 눈'은 실로 대단하며 새삼스럽게 경의가 솟는다.

이것으로《구사론》의 시간론을 마치겠다. 마지막의 '상속전변차별설'은《구사론》의 정통설이 아닌 저자 세친의 특별한 주장이기 때문에 불필요하다고 말할 수 있으나, 상당히 독특한 아이디어라 무리를 해서라도 거론했다. 다음 장은 물질도 심·심소도 아닌 '심불상응행법心不相應行法'을 소개하겠다. 현대에서 말하는 에너지와 같은 법이다.

04
—

불교의 에너지 개념 :

심불상응행법 心不相應行法

75법은 3종의 무위법과 72종의 유위법으로 나뉘어지는데, 그중 무위법에 대해서는 설명을 했고, 유위법에 대해서도 색법과 심·심소에 대해서는 앞서 설명했다. 남은 한 항목은 심불상응행법心不相應行法이다. 제1장의 표1-1을 보면 맨 아래에 정리되어 있다. 거기에는 14개의 법이 있는데 전부 다 상당히 난해하다.

심불상응행법의 본질은 물질도 아니고 심·심소도 아닌 일종의 에너지와 같은 존재다. 그렇다고 해서 물리학의 에너지 개념과 같이 체계적으로 깔끔하게 정리된 존재가 아니다. 이 세상의 다양한 현상을 관찰한 결과, 색법에도 심·심소에도 포함되지 않는 존재를 어떻게든 상정하지 않으면 안 되어, 그것을 우선 차례차례 모아 리스트로 만드니 14개가 되었다. 그러므로 그 내용은 제각각이며 결코 하나로 정리된 것이 아니다. 그러나 하나하나를 살펴보면 당시 불교인들이 파악한 세계 속의 '특이현상', 즉 평소에는 없는 무언가 특별한 힘이 작용한다고 느끼는 것을 알 수 있어 흥미롭다.

설명하기 어려운 부분이 있으나 어쨌든 14개의 심불상응행법을 순서대로 살펴보겠다. 역시《구사론》의 저자 세친은 이 심불상응행법을 인정하지 않았다. 세친은 색법과 심법만으로 세상의 현상세계는 설명된다고 생각했다.

1 | 생명체에게만 부수되는 법 ─ 득得, 비득非得, 중동분衆同分

처음 두 개는 득得과 비득非得이다. 이것은 일종의 결합·분리의 에너지라고 생각할 수 있는 개념이다. 득이 결합 에너지이고 비득은 분리 에너지이다. 둘은 겉과 속, 플러스와 마이너스의 관계이다. 이 득·비득의 개념은 무생물과는 관계없다. 어디까지나 생명체, 즉 유정有情에만 해당된다. 유정의 요소 집합체(상속)를 형성하는 육체와 심·심소 또는 그 외 몇 종류 관계되는 법에는 득·비득이 부수되어 생긴다. 이것만으로는 어떠한 것인지 도무지 알 수 없다. 나라는 한 개인을 생각해보자.

나라는 존재는 어디에도 핵核이 없는 단순한 요소 집합체다. 그렇다고 해서 그 요소가 한순간 구름이나 안개처럼 사라져버리는 완전히 무질서한 존재도 아니다. 나를 구성하는 요소는 인과관계의 특정 조건을 이루면서 결합하여 나라고 하는 가설존재를 구성한다. 육체는 원자(극미)라는 색법의 집적으로 이루어져 그 내부에는 심법 한 개와 그것에 부수하는 몇 십 종의 심소법이 '상응相應한 상태'로 존재하고 있으며, 그것들을 합친 전체를 나라고 한다. 나라는 하나의 집합체가 찰나마다 나타났다 사라지기를 반복한다.

그렇다면 그러한 색법이나 심·심소법이 하나로 모여 왜 흩어지지 않는가 하는 의문이 생긴다. 예를 들어 어떤 찰나의 심·심소를 살펴보면, 심과 몇 가지 심소가 하나가 되어 생기지만 생기지 않는 심소도 있다. 지금 현재 나라는 존재의 요소로 나타나는 법과 나타나지 않은 법의 차이는 무엇인가? 그것은 플러스 결합에너지를 가지고 있는가, 마이너스 결합에너지(분리에너지)를 가지고 있는가 하는 차이다. 어떤 심소가 지금 생기면 그 심소법은 결합에너지를 가지고 나타나기 때문에 심과 상응하여 현재에 작용한다. 반면 결합에너지를 가질 수 없다면 현재에 나타날 수 없다. 다른 표현으로 말하면 마이너스 결합에너지, 즉 분리에너지를 지니고 있기 때문에 현재 나의 일부로서 나타날 수 없는 것이다. 그 결합에너지를 '득', 분리에너지를 '비득'이라고 한다.

유정을 구성하는 법이 지금 현재 나타나면 그 법은 득에 의해 나타난 것이며, 득 덕분에 유정존재에 붙어있을 수 있고 거기에 머물 수 있다. 반면 그 법이 나타나지 않는다면 그건 비득에 의해 나타나는 것이 장애가 된다. 재미있는 것은 득·비득은 그것이 담당하는 대상의 법과 같은 찰나에 존재할 필요가 없다. 어떤 법과 득의 콤비를 생각할 경우, 먼저 득만 현재에 나타나 작용하고 그 작용을 받아 다음 찰나의 법이 현재에 찾아온다는 상황, 또는 반대로 먼저 법이 현재에 나타나고 뒤에 득이 오는 상황도 있을 수 있다. 다시 말해 에너지를 선불로 하거나 후불로 하는 것과 같다. 물론 법과 득이 동시에 나타나는 것도 있다. 비득에서는 법과 비득이 동시에 나타나는 것은 없다. 설명이 복잡해지기에 생략하겠다.

유위법과 무위법을 중개하는 이계득離繫得

득·비득은 정말로 기묘한 개념인데, 특정의 법과 법이 딱 붙어서 생겨날 때 무엇이 그것을 접착시키는가. 그리고 지금까지 딱 붙어서 생겨난 법이 어떤 찰나부터 생겨나지 않을 때 무엇이 접착제를 떼어내는가 하는 의문에 대한 대답이라고 생각한다면 어느 정도는 납득이 간다.

이걸로 끝나면 좋겠지만, 실은 이제부터 득·비득의 난해함은 시작된다. 택멸択滅을 생각해보길 바란다. 그건 열반의 다른 이름이다. 수행으로 번뇌가 끊어져 두 번 다시 나타나지 않게 된 상태다. 문어 그림으로 말한다면 가운데 문어 머리에 연결된 수많은 꼬마전구 소켓 중 '번뇌계심소煩惱系心所'의 꼬마전구가 영원히 켜지지 않게 된 상태를 말한다. 이것에 대해서는 앞서 제2장에서 설명했지만 확인을 위해 다시 한 번 간단히 정리하겠다.

'번뇌계심소'를 영원히 끊기 위해서는 그 심소의 소켓 자체를 파괴하여 꼬마전구의 점등 가능성을 없애야 한다. 잠깐의 노력으로 꼬마전구가 일시적으로 빛나지 않게 하는 것은 간단하지만 그래서는 의미가 없다. 택멸 상태를 달성하기 위해서는 꼬마전구가 두 번 다시 켜지지 않도록 근본인 소켓을 파괴하지 않으면 안 된다. 또한 심소 중에는 그 자체가 전부 번뇌는 아니지만 어느 특정한 점등을 할 때에만 번뇌로 작용하는 것도 있다(예를 들면 '혜慧'). 그러한 번뇌를 없앨 때는 소켓을 완전히 파괴하는 것이 아니라 꼬마전구가 그러한 특정한 점등을 못 하도록 소켓을 개조한다. 평범하게 빛나는 상태는 상관없지만 번뇌로서 특수한 점등을 하는 일은 절대로 없도록 개조하는 것이다. 소켓을 부수거나 개조하는 일은 평범한 일상생활에서 가능하지 않다. 그런 일을 가능하게 하는 것이 불도수행이다. 수행에 의해 나쁜 번뇌가 두 번 다시 생기지 않도록 소켓을 부수거나 또는 개조한다. 그리하여 달성된 각각의 상태가 택멸이다.

택멸은 무위법이기에 결코 다른 법과 상호작용하지 않는다. 그것이 무위법의 정의였다. 어떠한 법과도 상호작용하지 않고 시간의 흐름에서 멀리 떨어져 '그저 그곳에 있는' 그것이 무위법이다. 그러한 무위법인 택멸이 수행에 의해 달성된다. "그렇군!" 하며 흘려 들어버린다면 알 수 없지만 잘 생각해보면 이상하다. 수행이라는 것은 사람(또는 천계의 신)이 자신의 의사로 행하는 활동이며 어디까지나 유위법 세계의 내용이다. "매일매일 나는 아침부터 밤까지 수행하고 있다"고 하면 그것은 유위법 영역에서 행해지는 게 틀림없다. 그러나 그 결과로 얻어지는 것은 택멸이라는 무위법이다. 이렇다면 유위법의 결과로 무위법이 나타나는 것으로 "어떠한 법과도 상호작용하지 않는다"는 무위법의 입장이 무너져버린다. 이걸 어떻게 해야 하는가? 거기에 득이 나설 차례다. 단순한 득이 아닌 특별한 득이다. 유위법과 무위법을 중개仲介하는 것으로 다른 것에선 찾아볼 수 없는 작용을 하는 특별한 득은 '이계득離繫得'이라는 이름으로 불린다.

열반의 달성

전체 구조는 이와 같다. 수행을 하면 그 결과 특정 번뇌가 끊어진다. 그것과 동시에 이계득이라는 특별한 득이 나타난다. 심불상응행법의 하나인 득은 당연히 유위법이기에 "유위법인 수행이 유위법인 이계득을 낳는다"는 것은 어떠한 모순도 없다. 그러나 이계득이라는 법은 특별한 작용을 하여 그것이 생기면 소켓 부분에 꼬마전구가 두 번 다시 켜지지 않는 상태가 실현된다. 그 상태를 택멸 또는 열반이라고 부른다. 이계득의 결과로 실현되는 상태라는 것으로 '이계과離繫果'라고도 불린다.

그럼 이계득이란 도대체 어떠한 개념인가? 유위법이면서 그것이 나타나는 것으로 무위법인 택멸이 실현된다. 문어 그림에 이계득을 그려 넣는다면 번뇌 꼬마전구의 소켓 구멍에 꽉 끼워진 뚜껑을 상상하면 알기 쉬울 것이다(그림 4-1). 수행으로 번뇌 꼬마전구가 영원히 끊어졌을 때 이계득이라는 뚜껑이 나타난다. 그리고 그 뚜껑은 소켓 입구를 꽉 틀어막고 빠지지 않는다. 소켓이 이계득으로 덮여졌기 때문에 거기에는 두 번 다시 꼬마전구가 나타나지 않고 물론 불이 켜지는 일도 없다. 즉 소켓 기능이 파괴되어 역할을 하지 못한다. 이 상태가 택멸이다. 수행이라는 유위법에 의해 이계득이라는 유위법이 나타나고, 이계득이 나타난 것으로 택멸이라는 무위의 상태가 실현된다. 택멸은 이계득에 의한 결과이므로 이계과라고 불린다. 택멸 즉 열반 즉 이계과이다.

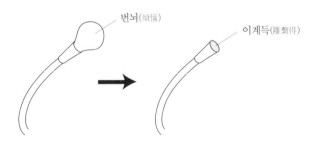

그림 4-1 이계득離繫得

번뇌계심소를 뿌리째 뽑아 끊는 경우는 이러한 이미지가 적절하다. 하지만 어떤 특정한 점등을 할 때에만 번뇌로 작용하는 심소의 경우는 절대로 꼬마전구가 빛나지 않도록 하는 것이 아니기에 뚜껑을 덮는다는 비유는 옳지 않다. 이 경우는 이계득이라는 전력 제어기가 소켓에 들어가 어느 한도 이상의 전기가 흐르지 않게 하는 상황의 예가 나을 것이다. 즉 특정한 점등을 하지 않게 하는 기구가 이계득이라는 것이다. 그다지 상세하지 못한 설명에 송구스럽지만 다른 적절한 표현이 없기에 어쩔 수 없이 이대로 넘어가겠다.

생물과 무생물의 경계

심불상응행법의 세 번째에 '중동분衆同分'이라는 법이 있다. 이것도 득·비득과 마찬가지로 생명체에게만 부수되는 법으로 그것은 생명의 종별을 구성하는 힘이다.

　나는 사람이라는 생명체이고 길가에서 지나치는 남녀노소도 모두 생명체이다. 개도 고양이도 참새도 나방도 모기도 살아있다. 그럼 그 공통점은 무엇인가? 어째서 그것들은 모두 생명체이고, 바위나 물이나 바람은 생명체가 아닌가? 생물과 무생물의 차이는 어디에 있는가? 이에 대해서《구사론》에서는 "생물과 무생물을 분류하는 특별한 법이 있다"고 생각한다. 그것이 중동분이다. 개는 살아있으나 바위는 살아있지 않다. 그 차이는 개가 짖기 때문에, 먹이를 먹기 때문에, 움직이기 때문이라는 일면적인 특징으로 정해지는 것이 아니다. 개에게는 절대적인 생물로서의 증거, 즉 '생물의 아이디ID'가 있기 때문에 생물이고, 바위에게는 그것이 없기 때문에 생물이 아니라는 것이다.

이상한 이야기로 들리겠지만, 생물과 무생물의 경계선은 현대에서도 미묘하다. 생물의 정의에는 자립적으로 자기증식을 하거나 세포를 가지고 있는 것 등의 몇 가지 특성이 거론되고 있으나, 그 조건들을 충족시키지는 않지만 생물과 같이 취급되는 바이러스와 같은 존재도 있다. 눈에 보이는 특성을 몇 가지 거론하더라도 결국 생물과 무생물을 엄밀히 분류하는 것은 불가능하다. 그렇기 때문에 고대 인도의 승려가 생각한 것과 같이 "구분을 낳는 특별한 법이 있다"고 단정짓는 것도 일리가 있다. 결코 합리적인 방법이라고는 할 수 없으나 나름대로 지적 배경을 가진 개념이다. 현대적으로 말하면 DNA나 RNA와 같은 유전정보의 전달물질을 포함하는가에 따라 생물과 무생물을 나눈다는 생각은 비슷하다. 그러나 DNA나 RNA가 있으면 생물이라고 할 수 있는 것도 아니다. 역시 이 영역은 앞이 잘 안 보인다. 《구사론》은 그러한 입장을 취하고 있다는 것으로 납득해 둘 수밖에 없다.

이 중동분에는 단순히 생물, 무생물의 구분만이 아닌 보다 고도의 구분 작용도 있다. 생물의 종류별 구분이다. 개는 개, 사람은 사람, 지옥의 유정은 지옥의 유정이라고 생명체를 종류별로 나누어 정리하는 것도 중동분이다. '개의 중동분'의 유무에 따라 하얀 진돗개와 검은 도베르만이 같은 종이라는 것이 되고, 하얀 진돗개와 하얀 곰은 다른 종이라고 간주된다. 게다가 세밀한 구분도 있다. 남녀의 구분, 승려와 신자의 구분, 깨달은 사람과 아직 깨닫지 못한 사람의 구분 등 대략적으로 생물을 어떤 집합으로 묶어 동일시하는 모든 경우에 이 중동분이라는 법이 작용한다. 예를 들어 나에게는 생명체로서의 기본적인 중동분이 있고 게다가 '사람'이며 '남성'이고 '승려'이고 '(전혀) 깨닫지 못했다'는 특성이 있는 중동분이다.

중동분이라는 법이 정말로 존재하는가, 75법의 하나로서 설정할 필요가 있는가 하는 의문은 당시에도 제기되어 심불상응행법을 인정하지 않는 세친도 당연히 중동분의 존재성을 강하게 비판했다.

중동분의 유무가 야기하는 문제는 "생물이란 무엇인가?"라는 현대적인 질문과도 매우 밀접한 관련이 있다. "유정의 공통성이라는 것은 우리가 만들어 낸 것으로 객관적 실재로는 존재하지 않는다"는 것이 중동분을 인정하지 않는 세친의 견해다. "생물과 무생물 사이에 아무리 선을 그으려 해도 정확히 구분하는 것은 불가능하다. 생물과 무생물에 차이 따위는 없다"라는 것은 아비달마 세력을 비판하는, 예를 들면 대승불교의 '공空' 사상에 속해있는 사람들이 말하는 의견이다. "생물과 무생물에는 엄연한 구분이 있고 그것을 나타내는 기준도 존재한다. 비록 명확하게 제시할 수 없더라도 생물의 내부에는 생물을 생물답게 하는 요소(중동분)가 존재한다"라는 것이《구사론》본류의 정통설이다. 현대 생물학에서도 이 질문은 미해결인 채로 남겨져 있고, 세 종류의 대답도 그대로 남아있다. 1,500년 전의 불교계에서 논의되던 주제가 현대 생물학의 기본 문제에도 이어져 있는데, 그 이유가 불교의 생명관에 있다는 점에 주의해야 한다.

"생명체에는 '이것이 생명의 본체'라는 중심핵이 되는 실체는 존재하지 않는다. 모든 것은 요소의 집합체에 지나지 않는다" 하는 관점에 서있기 때문에 "그럼 생물과 무생물의 차이는 무엇인가?"라는 의문에 직면한다. 그리스도교나 이슬람교라면 "신이 생물로서 만든 것이 생물이며 그 이외는 무생물이다"라고 하며, 인간의 정의에 있어서도 "인간으로서 불멸의 영혼을 지니고 있는 것이 인간이다"라고 정의한다. 이러한 의문이 불교도에게 처음부터 생겼을 리가 없다. 생물을 요소의 집합체로 보는 것은 불교와 과학의 공통된 생명관이며 그렇기 때문에 양자가 같은 문제에 부딪친 것이다. 중동분은 고대 인도와 현대 세계의 생명관에 대한 공통성을 나타내는 좋은 지표다.

2 │ 수행을 위한 법 ―
무상정無想定, 멸진정滅盡定과 무상과無想果

여기서 말하는 세 가지 심불상응행법은 불교 수행에 관련된 법으로 과학계 시리즈의 한 권인 이 책에서 소개하는 것이 그다지 어울리지 않는다. 그렇지만 사람들의 기호가 가지각색이기에 흥미를 가지고 계신 분들이 없다고는 할 수 없어 착실히 설명하겠다.

세계의 공간구조

명상 수행을 하면 도중에 굉장히 특수한 상태에 들 때가 있다. 구체적으로 말하면 심·심소가 완전히 정지해버리는 상태다. 문어 그림으로 설명하면 가운데 육색六色 전구가 꺼지고 40여 개 심소의 소켓도 모두 비워져 활동이 모두 정지한 상태다. "그런 게 어디 있어?" 하며 이상하게 생각할지도 모르지만, 실제로 수행을 하면 있다고 한다. 이것은 고대 인도의 승원에서 실제로 체험한 승려들의 경험에 근거해 설정된 상태이므로 이론적으로 유무를 논한다고 해도 어쩔 수 없다. "틀림없이 있다"고 확신하는 사람의 말을 따르자. 그러한 심·심소 정지상태를 체험한 사람들은 그것을 '무상정無想定', '멸진정滅盡定'이라고 부른다.

그럼 '무상정'과 '멸진정'은 무엇이 다른가? 그리고 다른 하나 '무상과無想果'란 무엇인가? 이것을 설명하기 위해서 지금까지 설명하지 않았던 영역에 들어가야 한다. 그건 불교의 공간구조론이다.

이 책에서는 제1장에서 물질세계의 구조에 대해서 설명했다. 원자론적 세계관이다. 그러나 원자로 이루어진 물질세계가 어떠한 마이크로micro 세계를 형성하는가 하는 의문에 대해서는 무엇도 설명하지 않았다. 예를 들면 소립자론만 설명하고 그것을 토대로 구성된 지구나 태양계나 은하계나 마지막으로 우주 전체의 구조에 대해서는 설명을 뒤로 미루어 둔 것이다. 실은 《구사론》에도 그러한 것이 상세히 설명되어 있다. 그러나 그것을 하나하나 상세하게 설명하면 이야기가 끝이 없기 때문에 생략하고 심·심소의 설명으로 옮긴 것이다. 그러나 생략한 채로 둘 수도 없기에 '무상정', '멸진정', '무상과'의 설명을 기회로 간단하게라도 설명하겠다. 이 《구사론》의 우주론에 관해서는 매우 좋은 해설서가 있는데 흥미가 있는 분들은 꼭 참고하기를 바란다. 사다카타 아키라(定方晟) 씨의 《수미산須彌山과 극락極樂》이라는 책이다.

수미산의 구조

우리가 살고 있는 이 세계는 전체가 찻통을 쌓아둔 모양을 한 거대한 원기둥이다. 이 기둥이 아무것도 없는 공간 속에 떠있다. 그 찻통의 윗면, 둥근 평면 부분의 겉면에는 얇게 물이 고여 있다. 어째서 이게 쏟아지지 않느냐면 그 원형 바깥 둘레가 낮은 벽으로 빙 둘러싸여 있어 마치 둥근 쟁반에 물을 가득 채워둔 것과 같은 상태이기 때문이다. 그 고인 물이 바다다. 둥근 바다 가운데 거대한 산이 솟아있다. 그 이름을 '수미산'이라고 한다. 모양은 사각추로 정상은 평평한 사각형의 평지다. 수미산은 신들이 사는 곳으로 정상의 사각형 평지나 산 중턱에도 여러 신들이 있다. 우리들 인간이 사는 곳이 아니다. 그럼 우리는 어디에 있는가? 둥근 바다 가운데 수미산이 솟아있고 그것을 둘러싼 바다에 수미산의 동서남북 사방으로 네 개의 큰 섬이 있다. 대륙이라고 부르는 편이 좋겠다. 네 개의 대륙 중 남쪽에 있는 섬, 그것이 지금 우리들이 살고 있는 곳이다. 그 섬의 이름을 '섬부주贍部州'라고 한다. 우리들은 섬부주의 주민이다(그림 4-2).

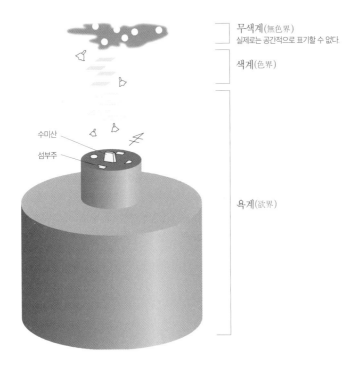

무색계(無色界)
실제로는 공간적으로 표기할 수 없다.

색계(色界)

수미산

섬부주

욕계(欲界)

그림 4-2 세계의 구조

　다른 세 개의 대륙에도 사람들이 있지만 섬부주가 가장 살기 힘든 곳이다. 그곳에 살게 된 우리는 운이 나쁘다. 그러나 그 살기 힘든 탓에 '이 세상은 괴롭다'는 생각을 실감으로 알아차리게 된다. 그것이 우리들을 석가모니의 가르침으로 이끌어준다. 가장 운이 나쁜 우리가 실제로는 불교와 가장 인연이 깊다는 의미로 가장 행운이다. 섬부주 지하에는 거대한 지옥이 있어 많은 유정들이 업의 과보로 괴로운 고문을 받고 있다. 지옥에도 괴로움의 레벨이 있는

데 아래로 갈수록 괴로워진다. 가장 괴로운 곳이 레벨 8의 무간지옥無間地獄이다. 온천은 이 지옥세계의 옆을 지나는 지하수가 데워져 나온 것이라고 한다.

세계에서 가장 높은 곳은 말할 필요도 없이 수미산 정상인데, 거기서부터 위의 공중에도 많은 신들이 둥둥 떠다니며 살고 있다. 게다가 그 공중이 몇 단계의 거주지로 나뉘어져 각각에 이름이 붙어 있다. 위로 갈수록 고급이다. 공중 거주지의 가장 위가 '이 세상의 가장 위'라고 하지만 실은 그보다 훨씬 상위의 신들이 있다. '위로 갈수록 고급이라면 이 세상의 가장 위에 있는 신들이 가장 고급이라는 말인가? 그보다 훨씬 상위의 신이란 도대체 무엇인가?' 하고 생각될 것이다. 그것은 이미 물질세계를 초월해 심·심소만의 존재로 육체가 없는 신들이다. 물질세계를 초월하기 때문에 공간적으로 위치를 정할 수 없다. 그 신들은 세상 어디에 있다고 위치를 특정할 수 없다. 이미지로는 공중에 떠다니는 신들의 세계 위에 또 다른 단계의 세계에 형상이 없는 심·심소만의 신들이 있다는 느낌이다. 정확하게 말하면 그러한 공간의 위아래를 지정할 수 없기에 "세상 속 어딘가에 있다"라고 말할 수밖에 없다. 어찌 되었든 간에 육체가 없는 신들이 최상위 레벨에 있다. 최상위 신들은 육체적인 감각기관, 즉 오근을 지니지 않았기 때문에 그저 그곳에 심·심소로서 있을 뿐이라는 뭐라 설명하기 애매모호한 생명체다. 우리들 하계 생명체와는 어떠한 교섭도 없다. 이것으로 세계의 아래부터 위까지 전부 소개했다. 실제로는 그 내부가 더욱 상세하게 설정되어 있으나 지금은 이것으로 충분하다고 생각한다.

천天의 세계와 지옥

여기에 '신'이라는 용어가 나오기에 오해가 없도록 잠시 설명하겠다. 불교에서 신이라고 하면 물론 그건 그리스도교나 이슬람교와 같은 '이 세상을 만든 절대신'을 가리키는 것이 아니다. 불교의 신들은 우리와 같은 생물의 한 종류다. 신을 정식으로는 '천天'이라고 한다. 제석천帝釋天이나 범천梵天 등이라고 하는 천이다. 이후 이 책에서는 불교의 신을 정식 명칭을 사용해 천이라고 부르겠다.

천은 결코 특별히 뛰어난 존재가 아닌 사람이나 축생 등과 같은 윤회세계의 일원이기 때문에 수명이 다하면 죽고 다시 어딘가에 태어난다. 육체를 지니지 않은 최상위의 천이라고 해도 이 규칙은 변하지 않는다. 천도 다른 생명체와 똑같이 나이를 먹으면 죽는다는 것을 잊지 마라. 죽으면 업의 힘에 의해 다음 장소에 다시 태어난다. 다시 태어나는 곳은 사람일지도 모르고, 축생, 아귀, 또는 무서운 지옥일지도 모른다. 당신이나 나는 지금은 사람이지만 과거에 천이었던 시기도 있었다. 이 다음에 천으로 태어날 수도 있다. 천이란 이와 같이 단순한 윤회의 한 요소에 불과하다. 거기에 태어난다고 해서 그다지 특별히 기뻐할 것도 아니며 '일단 이번에는 지옥이나 아귀나 축생이 아니라 우선 안심이다' 하는 정도의 장소이다.

수업에서 천에 대해서 이야기 하면 가끔 "천의 세계와 극락은 같은 곳입니까?"라는 질문을 하는 학생이 있다. 일반인들이 보면 비슷하게 보일지도 모른다. 그러나 천의 세계와 극락이라는 곳은 전혀 다르다. 천이라는 것은 방금 말했듯이 우리들이 살고 있는 이 세계 중에 있는 신들의 장소이다. 수미산 중턱이나 정상, 그 위의 공중세계 또는 우리들과 같이 지상에도 천은 살고 있다. 그중에서도 특히 수미산 위의 공중 거주지나 심·심소뿐인 천이 살고 있는 '물질이 없는 세계'는 스트레스가 없는 안락한 세계이기에 매력적인 곳이다. 그렇기 때문에 사람들은 '천의 세계에 태어나 편안하게 살고 싶다' 하고 바라지만 그건 실은 어리석은 희망으로 불교의 가르침에 따르면 천으로 태어나도 의미가 없다. 그곳에 살다가 나이를 먹고 죽으면 다시 윤회의 반복이다. 이와 같이 윤회세계의 일부가 천이며 그 천의 상당수가 사는 공중 거주지 등이 이른바 천의 세계인 천계天界이다.

이《구사론》의 우주론 어디를 찾아보아도 극락은 없다. 극락이라는 곳은 석가모니 불교가 아닌 그보다 수백 년 뒤에 나타난 대승불교에서 새롭게 태어난 전혀 다른 세계다.《구사론》이 말하는 세계는 그것이 아무리 거대하고 복잡하더라도 어디까지나 '독립된 단일세계'이다. 예를 들어 석가모니 부처가 나타났다면 석가모니가 '그 세계에 있는 유일한 부처'라는 것이다. 우리들 유정은 오직 한 명뿐인 부처의 가르침에 의지해 깨달음의 길로 걸어가는 것으로 석가모니 이외에 길을 가르쳐주는 분은 없다. 그 석가모니가 이미 열반에 드신 현재에 있어서 우리들이 할 수 있는 것은 남겨진 가르침을 배우고 그것에 따라 수행을 이어가는 것뿐이다.

그러나 대승불교가 나타난 시기에 이러한 단일 세계관에 변화가 생겨 세계는 복수로 병행 존재한다는 '복수세계複數世界'의 개념이 나타난다. 이러한 세계관이 탄생한 근원은 '대중부大衆部'라는 이름의 부파部派라고 하나 상세하게 보면 불분명하다. 여기서 말하는 복수란 "이 세상에는 수많은 부처가 존재하고 있어 그 한 명 한 명의 거처가 하나하나의 세계를 형성하고 있다"는 의미다. 그렇기에 《구사론》이 설명하는 찻통 모양의 세계는 다른 곳에도 존재하는 무수한 세계 중에 하나에 불과하다는 것이다. 이 세상에는 무수한 세계가 있고 그 곳에는 수많은 부처가 지금 현재도 생기고 있다. 우리들이 지금 있는 곳은 많은 세계 중에 하나에 불과하다. 우리들 세계에는 현재 부처가 계시지 않지만 다른 세계로 시야를 넓히면 그곳에는 얼마든지 부처가 계시다는 의미다. 그리고 극락이라는 곳은 새롭게 생각해 낸 복수세계 중의 하나를 가리키는 고유명사이다. 따라서 《구사론》이 말하는 세계와는 멀리 떨어진 곳에 평행 존재하는 다른 세계이기 때문에 천계와는 전혀 다르다.

천의 세계는 우리들의 머리 위에 있으나 극락은 어딘지 알 수 없는 저 먼 곳의 다른 세계이다.《구사론》에는 본래의 '단일세계관'과 새로운 '복수세계설'의 요소가 미묘하게 뒤섞여진 부분도 있어서 흥미롭지만 여기서는 너무 깊게 들어가지 않겠다. 이것으로 천과 극락의 차이를 이해한다면 충분하다.

삼계三界란 무엇인가?

그럼《구사론》의 세계관으로 돌아와 아래로는 지옥에서부터 위로는 육체가 없는 심·심소뿐인 천의 세계까지 전체를 크게 세 개로 나눈다. 아래에서부터 순서대로 '욕계欲界', '색계色界', '무색계無色界'라는 구분이다. 우선 찻통 모양의 세계는 전부 욕계에 들어간다. 지옥도, 우리들이 사는 섬부주도, 수미산도 전부 욕계다. 수미산 위 하늘은 공중에 떠서 사는 천들의 세계인데 그것이 몇 단계의 거주지로 나뉘어 있는가는 앞서 설명했다. 그중 아래에서 네 번째까지 낮은 레벨의 공중 거주지도 욕계에 들어간다. 욕계라는 것은 육체가 있고 게다가 심·심소가 욕망투성이로 나쁜 일을 하거나 그 악행 탓으로 괴로워하는 잔혹한 세계다. 우리들의 지난 날을 생각해보면 '정말 그렇구나' 생각될 것이다.

그 위에 있는 것이 색계이다. 공중 거주지의 아래에서 다섯 번째 레벨부터 육체를 지닌 천의 가장 위 레벨까지 전부 색계라고 불린다. 이 색계라는 이름에 붙어있는 '색'이라는 용어는 제1장에서 설명한 '물질'을 말한다. 그러므로 색계라는 것은 '물질세계'라는 의미다. 그런데 그건 이상하지 않은가? 하계에 있는 욕계도 모두 물질세계이지 않은가? 지옥도 수미산도 모두 물질이다. 그런데 어째서 이곳만을 색계라고 부르는 것인가? 그 이유는 이렇다.

지옥이나 섬부주 등의 욕계 세계에서 생명체는 모두 육체를 지니고 있다. 그런 의미에서는 모두 '색계'다. 그러나 여기에 사는 생명체는 육체를 지닌 것뿐만 아니라 심·심소에 강한 욕망을 가지고 있다. 그런 까닭으로 이 세계를 색을 가지며 그중 음욕이나 식욕도 가지고 있는 생명체의 세계라는 의미로 욕계라고 부른다. 그에 비해 공중의 제5번째부터 위로 올라가면 생명체(이 경우는 모두 천이다)는 육체는 있으나 욕망을 가지고 있지 않다. 이것과 더불어 스트레스도 없이 둥둥 떠서 지낸다. 그래서 이 세계를 육체는 있으나 욕망을 가지지 않은 생명체의 세계라는 의미로 색계라고 부르는 것이다.

물질세계는 욕계와 색계의 두 개의 단계로 끝난다. 그리고 그 상위는 앞서 말한 물질이 없는 심·심소만으로 살아가는 천의 세계다. 그것은 색이 없는 세계이기에 당연히 '무색계'라고 불린다. 욕계, 색계, 무색계 이 세 개의 세계를 '삼계三界'라고 부른다. 이것이 세계를 나누는 방식이다. 다음으로 삼계를 보다 세분화해서 설명하겠다. 무엇을 기준으로 세분화할 것인가 하면 그곳에 사는 생명체 마음의 집중 상태이다.

《구사론》뿐만 아니라 인도불교 전체 또는 보다 넓은 의미에서 인도인의 문화 전반의 저변에는 마음의 집중, 즉 '명상'이라는 활동이 항상 잠재되어 있다. 인도어를 토대로 이것을 '선정禪定'이라고도 한다. 무엇을 하더라도 마음을 집중하여 얻는 힘이야말로 활동원이 된다는 확신이다. 그렇기 때문에 생명체의 레벨이 높아지면 그만큼 마음 집중도도 올라간다고 생각한다. 예를 들어 지옥에서 고통받는 최저 레벨의 생명체, 이른바 지옥의 망자들에게는 마음을 집중할 여유 따위는 없다. 끊임없이 이어지는 고통에 마음이 동요되어 어지럽게 흐트러지기만 한다(그러한 마음을 '산심散心'이라고 한다). 지옥보다 위의 레벨로 '아귀', '축생'이라는 생명체가 있으나 이것도 마음 집중과는 거리가 먼 산심의 생명체다.

그럼 사람은 어떠한가? 지옥의 망자나 아귀, 축생과 비교하면 훨씬 높기 때문에 '이얍!' 하고 기합을 넣으면 마음을 집중할 수 있다. 눈을 반쯤 감고 앉아계신 불상의 모습이 그 상태를 잘 보여주고 있다. 그러나 그것은 '마음을 집중하자'라는 강한 의지를 가지고 노력할 때 비로소 그렇게 되는 것으로 평범한 이가 평범하게 살고 있으면 마음은 여기저기 흩어져 있다. 문어 그림으로 말하면 가운데 문어 머리의 전구 색깔이 찰나마다 바뀌어 인식이 정해지지 않는다. 또는 비록 같은 색깔이 이어지더라도 이것저것으로 인식

대상이 바뀌어 하나의 대상에 초점을 맞출 수 없다. 즉 사람은 기본적으로 흐트러진 마음인 산심의 생명체이지만 특별히 힘을 기울이면 마음을 집중할 수도 있는 생명체라는 것이다.

이에 비해서 색계나 무색계에 사는 생명체들, 즉 색계, 무색계의 천들은 처음부터 마음이 집중되어 있다. 여기에 있는 천들은 명상 상태로 지내고 있다. 욕계 생명체와 달리 색계, 무색계 천들은 태어날 때부터 명상가이다. 게다가 그 마음 집중도는 레벨이 위로 가면 갈수록 높아진다. 어떤 식으로 높아지는가 하면 색계에 네 단계가 있고 그 위의 무색계에도 또한 네 단계가 있다. 합치면 총 여덟 단계다.

다시 한 번 전체를 정리해보겠다. 지옥에서부터 공중 거주지의 제4레벨까지가 욕계이고 여기에 있는 생명체는 원칙적으로 산심으로 살아간다. 산심에는 단계의 차이가 없기 때문에 욕계 전체가 하나이다. '제1단계의 산심'이나 '제2단계의 산심'이라는 구분이 없다. 이에 비해 그 위의 색계에는 산심이 아닌 집중된 마음(이것을 '정심定心'이라 한다)의 천이 살고 있다. 그리고 정심의 집중도에 따라 네 단계로 나뉜다. 가장 낮은 단계를 초선初禪이라 하고 이후는 제2선, 제3선, 제4선으로 올라간다. 위로 갈수록 마음의 집중도가 높아진다. 그리고 그 위 무색계도 똑같이 네 단계로 나뉜다. 이곳의 이름은 조금 복잡한데 낮은 순으로 공무변처空無邊處, 식무변처識無邊處, 무소유처無所有處, 비상비비상처非想非非想處라고 한다.

특별히 외울 필요는 없지만 어쨌든 무색계에 네 단계가 있다는 점만은 알아두셨으면 한다. 따라서 욕계 한 개, 색계 네 개, 무색계 네 개로 총 아홉 단계의 구분이 있다. 거기에 사는 유정의 마음 집중도에 따른 구분이다. 이것을 '삼계구지三界九地'라고 부른다. 이것은 외워두면 편리하다.

우리 인간은 욕계의 생명체이기 때문에 평소에는 전혀 집중되지 않은 산만한 마음으로 살고 있다. 산심의 유정이다. 간식을 먹으며 텔레비전을 보고 하하 웃고 있을 때의 마음은 누가 어떻게 보더라도 산심 그 자체다. 그러한 마음에는 결코 뛰어난 지혜가 생겨나지 않는다. 이 세상의 상태를 통찰하고 자신의 모습을 스스로의 힘으로 바꿔가는 데는 강한 지혜의 힘이 필요한데, 그러기 위해서는 산심이 아닌 강하게 집중된 마음이 필요하다. 정심, 즉 명상 상태의 마음이다. 불도수행이란 어떻게 하면 높은 레벨의 정심을 일으켜 수승한 지혜를 얻고 그 지혜로 자기 자신을 바꿔갈 것인가 하는 코스를 말하는 것이다.

그런데 삼계구지라는 세상의 단계가 유정의 마음 집중도에 의한 구분으로 정해졌다고 설명했다. 위로 갈수록 그곳에서 지내는 생명체의 마음 집중도가 높아진다. 그럼 삼계구지의 생물계에서 집중도의 레벨 차이와 사람이 불도수행을 통해 차츰 높여가는 자기 자신의 마음 집중도의 레벨 차이는 어떠한 관련성이 있는가? 어느 쪽도 '마음의 집중도에 레벨 차이가 있다'는 점은 같은데 양자에는 어떠한 대응관계가 성립하는 것일까?

이것에 대해서《구사론》에서는 "양자는 직접 대응한다"고 말한다. 예를 들어 내가 명상수행으로 마음의 집중도를 높여가면 어떤 단계에서 나의 마음은 색계초선色界初禪의 생명체(初禪天)와 같은 집중도에 도달한다. 더욱 노력하면 색계의 제2선, 제3선, 그리고 최종적으로 무색계의 비상비비상처천의 마음과 똑같은 집중도에 이른다. 가부좌를 하고 앉아있는 나의 신체는 욕계에 있으나, 그 마음은 색계나 무색계의 신들과 같은 집중도로 높아져 있다는 뜻이다. 그리고 명상을 마치고 일어서면 마음은 곧바로 산심으로 돌아와 몸도 마음도 욕계의 생명체로 되돌아온다. 이러한 형태로 수행자는 매일매일 지혜를 낳기 위한 수행을 이어가고 있다.

명상 상태의 레벨 차이

이것으로 대강의 공간구조론 틀을 전부 설명했다. 실제로는 아직 우주가 시간의 경과와 함께 어떻게 변화하는가 하는 '우주의 시간 사이클'이나 욕계, 색계, 무색계가 실제로는 피라미드 구조로 되어 있다는 이야기, 또는 그 피라미드 세계가 상하좌우로 연속적으로 반복하여 전체를 구성한다는 '반복패턴설' 등, 설명해야 하는 것들이 여러 가지 있으나《구사론》기초를 이해하기 위한 필수 지식은 아니기에 생략하겠다.

그러면 처음으로 돌아와 '무상정無想定', '멸진정滅盡定', '무상과無想果'라는 세 종류의 심불상응행법心不相應行法을 생각해보자. '무상정', '멸진정'이라는 처음의 두 가지는 모두 '정定'이라는 단어가 붙어있는 것에서 알 수 있듯이 '선정禪定', 즉 명상을 말한다. 따라서 '무상정'과 '멸진정'은 일종의 명상 상태를 가리킨다. 그건 앞서 설명했듯이 심·심소의 활동이 완전히 정지한다는 매우 특수한 명상이다. 이것은 욕계 인간이나 욕계 천도 행할 수 있다. 그럼 어째서 '심·심소 정지 상태'인데 '무상정', '멸진정'이라는 두 가지의 다른 종류가 있는가 하면 그것은 명상의 레벨 차이다.

'무상정'은 낮은 레벨의 '심·심소 정지 상태'로, 들어가서는 안되는 잘못된 명상 상태다. 여기에 들어가면 마치 윤회로부터 완전히 이탈한 궁극의 불변화 상태인 무여의열반無餘依涅槃에 들어간 듯한 착각에 빠지기 쉬워 좀처럼 나올 수 없게 된다. 여기에 들어간 동안은 진실한 수행의 길이 멈춰 그만큼 큰 손실이다. 따라서 수행자는 이 명상에 빠지지 않도록 유의하지 않으면 안 된다. '무상정'에 들어간 이의 마음은 욕계, 색계, 무색계 가운데 색계 제4선의 상태다. 색계 제4선에는 여러 종류의 천이 있고 그 내부는 8단계나 더 나뉘어져 있다. 그중 아래로부터 세 번째의 '광과천廣果天'이라는 레벨에 있는 천의 일부들이 '심·심소 정지 상태'로 존재한다. 이러한 상태의 천을 특히 '무상과'의 천이라고 한다. '무상정'에 들어간 자의 상태는 이 무상과 천의 '심·심소 정지 상태'와 같다. 무상과의 천을 무상천無想天이라고도 한다.

이에 비해서 '멸진정'은 매우 좋은 상태다. '멸진정'은 깨달음의 길을 오르는 이가 마지막 번뇌를 지우기 위해 필요로 하는 중요한 명상 상태다. 이것에 의해 미세하고 지우기 어려운 번뇌를 지울 수 있다. 여기에 들어가는 이는 견실하게 '지금부터 들어갈 명상 상태는 결코 최종 열반이 아닌 그 전 단계의 단순한 명상 상태이기 때문에 거기에 깊이 몰두해서는 안 된다'는 자각을 하고나서 들어간다. 무상정과는 전혀 다른 하이레벨의 명상이다.

이 두 가지 명상 상태가 '심불상응행법'에 왜 들어있는가? 무상정이나 멸진정에 들어가면 심·심소는 정지 상태가 된다. 말하자면 열반과 유사한 상태다. 만일 그것이 진정한 무여의열반이라면 그 정지 상태가 그대로 무위법이기 때문에 결코 두 번 다시 심·심소가 재가동하는 일은 없다. 그러나 무상정이나 멸진정에서는 정지 상태가 어느 일정 기간만 연속하고 시간이 지나면 다시금 심·심소가 움직인다. 그럼 일정 기간 정지 상태의 심·심소가 재가동하기 위해서 필요한 에너지는 어디에 보존되어 있는가? 육체에 그러한 활동은 없고 심·심소는 정지되어 있다. 그런 까닭으로 "무상정, 멸진정이라는 명상 상태 그 자체가 에너지 요소로 거기에 들어가 있는 이에게는 자연스레 재가동의 에너지가 보존되어 있다. 그렇기 때문에 무상정과 멸진정은 일정 기간이 끝나면 원래 상태로 복귀

하는 것이 가능하다"라고 생각했다. 이러한 논리를 인정하지 않고 재가동의 파워를 다른 방식으로 설명하려고 했던 불교 사상 그룹도 있었으나 유부有部의 정통설에서는 무상정, 멸진정이라는 '심불상응·행법'을 그 근거로 했다.

무상정, 멸진정 외에도 무상과라는 '심불상응·행법'도 있다. 이것은 다음과 같은 이유로 설정되어 있다.

상당히 기묘한 이야기인데 사람이나 천이 명상 상태에 들어가 마음 집중도가 어느 특정 수준의 레벨에 이르면 수명이 끝나 죽은 뒤 그 사람은 "그 특정 수준의 레벨을 지닌 천의 세계에 태어날 수 있다"라는 것이다. 예를 들어 사람이 수행을 한 결과 마음이 초선의 레벨에 이르렀다면 그 사람은 죽은 뒤 초선의 천으로 태어날 가능성을 얻었다는 것이다. 특히 무상정의 경우는 이 연대 작용이 엄밀하게 설정되어 무상정에 드는 경험을 한 사람은 수명이 다해 생이 끝난 뒤 반드시 무상정에 들어갔을 때와 같은 집중도의 마음을 가진 천으로 태어난다. 그것이 색계의 제4선 중에 있는 '무상천'이다. 그리고 재미있는 것이 무상천의 신들은 심·심소 정지상태로 거기에서 산다.

즉 이러한 것이다. 우리가 사람으로 태어나 명상수행을 해서 무상정에 들어갔다면, 그때 우리 심·심소는 정지한다. 그러나 무상정 에너지의 힘이 있으므로 일정 기간 뒤에 그것이 재가동한다. 그리고 무상정에서 나와 다시 심·심소의 활동이 개시된 우리는 평소와 같은 상태로 일생을 보낸다. 그리고 일생이 끝나 죽으면 다음에는 색계 중 무상천이라는 공중 거주지에 천으로 태어나지만 태어나자마자 심·심소가 정지되어 무상정에 들어갔을 때와 똑같이 유사 열반 상태가 된다. 그리고 무상천의 신으로서 존재하는 동안 계속 심·심소 정지 상태를 유지한다. 그리고 무상천으로서 수명이 다 되어 마지막 순간에 심·심소가 재가동하여 거기서 죽는다. 그리고 다시 윤회하여 다음 생으로 바뀌어 간다. 이 무상천으로 태어난 상태를 무상과라고 부르는 것이다. 그러므로 무상과의 심·심소 정지 상태도 또한 무상정과 같은 종류의 에너지 상태로 설정되어 있다.

75법의 표를 보면 무상정과 무상과는 한 쌍으로 되어 있는데 멸진정은 동료가 없다. 이것은 왜일까? 멸진정을 일으키기 위해서는 세상에서 가장 고도한 정신 집중 상태인 비상비비상처 레벨의 마음을 일으키지 않으면 안 된다. 그것을 사용하여 멸진정에 들어갈 수 있다. 그러나 멸진정의 경우는 그 마음을 일으켜 멸진정에 들어간 사람이 그 후에 죽어 비상비비상처천에 태어나도 그곳은 심·심소 정지 상태의 장소가 아니다. 비상비비상처천 신들의 심·심소는 활동을 하고 있다. 또한 멸진정의 경우에는 거기에 들어간 사람이 반드시 비상비비상처천에 다시 태어나는 것도 아니다. 멸진정은 상당히 뛰어난 명상 단계이기에 이미 깨달음을 얻은 아라한阿羅漢이 들어가는 경우도 있으나, 아라한은 수명이 다해 죽으면 그대로 열반에 들어가 다시 태어나지 않는다. 즉 멸진정에 들어갔어도 그 후 비상비비상처천에 다시 태어나는 일없이 열반을 해버린다는 것이다. 이러한 이유로 멸진정에는 한 쌍이 되는 '멸진과滅盡果'라 는 항목이 존재하지 않는 것이다.

3 │ 그 외의 에너지 개념

생명 유지의 에너지 – 명근命根

다음 심불상응행법은 '명근命根'이다. 이건 이해하기가 수월하다.
우리들 생명체가 특정 길이의 수명으로 일생을 보낼 때 수명을 유
지하는 생명력의 에너지다. 수명이 있는 덕분에 생명체는 체온과
식(문어 머리)을 유지할 수 있어 '살아있다'라고 한다. 수명의 힘이
사라지면 그 생명체는 죽는다. 그리고 번뇌와 업의 힘에 의해 다음
생으로 윤회한다. 명근의 설명은 이걸로 마치겠다.

시간 생성의 에너지 – 유위의 4상四相

다음으로 네 가지 심불상응행법을 정리해서 설명하겠다. '생生',

'주住', '이異', '멸滅'이라는 네 가지 법이다. 이것은 유위법이 미래에서 현재, 현재에서 과거로 변해가는 원동력으로서의 에너지다. 앞서 영사기 비유를 사용해 설명했듯이 유위법은 미래에서 현재로 옮겨와 거기서 작용하고 과거로 떨어진다. 미래에서 현재, 현재에서 과거로의 유위법 변천을 우리는 '시간'으로 인식한다. 그 경우 미래에 존재하는 무한의 가능성 중에서 특정 상황의 유위법만 선택되어 현재로 옮겨오는 프로세서로 무엇이 그 법을 선택하느냐면 그것은 인과법칙이다. 앞에서 자세하게 설명한 업의 인과관계도 그 하나인데 그 외에도 다양한 원인과 결과의 관계성이 이 세계에는 존재한다. 그것들의 법칙이 복잡하게 뒤섞여 있다가 마지막 결과로 어떤 특정 상황이 '현재'로 선택된다.

그러나 그것만으로는 설명이 끝나지 않는다. 그 선택된 미래의 유위법이 현재의 한 찰나 전에 있는 '정생위正生位'라는 폴더에 꽉 끼워져 있다가 다음 찰나에 '현재'로 보내져 스크린 위에 비춰지고, 그 다음 찰나에는 과거의 필름통으로 말려들어가는, 이 일련의 필름 조각 움직임을 가능하게 하기 위해서는 '필름 조각을 보내는 에너지'가 필요하다고 《구사론》에서는 생각한다. 그 '필름을 보내는 에너지'가 생주이멸生住異滅이라는 한 세트의 심불상응행법이다. 이 네 가지는 개별적으로 존재하는 일은 없다. 반드시 한 세트로 존재한다. 미래의 '정생위'에 있는 유위법이 현재로 옮겨와 현재라는 한 찰나에 모습을 나타내기 위해 필요한 법이 '생生', 현재라는 한 찰나에서 고정적으로 존재하기 위해 필요한 법이 '주住', 현재라는 한 찰나로부터 소멸이 시작하는 데 필요한 법이 '이異', 그리고 현재라는 한 찰나에서 소멸하기 위해 필요한 법이 '멸滅'이다. 그렇기 때문에 생주이멸의 네 가지 법은 현재라는 한 찰나 중에 갖춰져 존재하고, 어떤 특정 유위법이 나타났다가 사라지는 움직임을 차례대로 촉진한다. '현재'라는 불과 한 찰나 동안에 '생 → 주 → 이 → 멸'의 순으로 작용해 유위법의 필름을 한 조각 전진시키는 것이다. 따라서 생주이멸의 네 가지 법은 요약하여 '유위의 4상四相'이라고도 부른다. 유위법이 시간적으로 변천할 때 반드시 부수되는 네 가지 법이라는 의미다.

시간의 흐름을 멈춰 정지된 '현재'라는 필름 한 조각 전체를 살펴보자. 그것은 아랫부분의 풍륜風輪에서 수미산 정상에 이르는 세간 전체(이것을 기세간器世間이라고 부른다) 및 그 안이나 하늘 위에 사는 유정들의 세계를 전부 포함한다. 방대한 수의 유위법 집합체이다(무위법은 영사기와 관계없기에 포함되지 않는다). 그 하나하나의 유위법 전체가 제각각 한 세트의 생주이멸 에너지를 가지고 있다. 예를 들어 나라는 한 생물을 살펴보아도 육체를 이루는 모든 극미 하나하나가 심법이나 그 심법과 '상응相應'하는 수십 개 심소법 전부가 각각 생주이멸 세트를 가지고 있다. 그 뿐만 아니라 나에게 포함되는 심불상응행법 또한 유위법이기 때문에 역시 생주이멸을 지닌다. 득得, 비득非得, 중동분衆同分, 명근命根이라는 에너지 개념은 반드시 나에게 부수되어 존재하는데, 그 법들에도 전부 생주이멸이 붙어있다. 현재를 구성하는 모든 유위법의 하나하나에 생주이멸 한 세트, 즉 '유위의 4상' 주머니가 달려있다고 생각하면 이해하기 수월하다.

물론 이 현상은 현재라는 단계의 유위법에만 나타난다. 미래의 법이나 과거의 법과는 관계없다. '유위의 4상'은 미래에서 현재, 현재에서 과거로 영사기 필름을 보내기 위해 필요한 에너지이기에 미래의 봉지 속에서 흩날리는 법이나, 과거의 필름통으로 말려져 들어간 법에는 부수되지 않기 때문이다.

여기서 잘 생각해보면 중대한 의문이 생긴다. 생주이멸이라는 네 개의 심불상응행법도 일종의 유위법이다. 그것이 현재를 구성하는 모든 유위법 하나하나에 세트로 따라온다. 그렇다면 생주이멸 자체에도 생주이멸이 부수되는 것이 아닌가? 생주이멸이라는 법은 유위법이 필름을 미래에서 현재, 현재에서 과거로 보내기 위한 에너지이기 때문에 현재에 존재하는 모든 유위법에 부수되어 그 전체를 동시 작동하여 과거로 보내는 작용을 한다. 그러므로 '현재'라는 필름 한 조각에 들어있는 모든 유위법에 하나도 빠짐없이 부수되지 않으면 안 된다. 그리고 생주이멸이라는 심불상응행법 또한 '현재'에 포함된 유위법이기 때문에 그 하나하나에도 생주이멸이 부수되어 있을 것이라는 논리다.

《구사론》에서는 이 논리를 인정한다. 그래서 "유위의 4상 각각에도 또한 유위의 4상이 부수된다"고 한다. '유위의 4상의 유위의 4상'이 있다는 것이다. 《구사론》에서는 그것을 '생생生生', '주주住住', '이이異異', '멸멸滅滅'이라 하거나, 요약하여 '수상隨相'이나 '소상小相'이라고 부른다. 이 관계를 조금 더 주의해서 설명하겠다.

무엇이든 상관없이 어떤 하나의 유위법이 '현재' 상태에 있다고 가정하자. 현재에 있기 때문에 그 법에는 반드시 생주이멸이라는 네 가지 심불상응행법이 따라온다. 그리고 그 생주이멸 각각에도 또한 생주이멸의 네 가지 법이 따라온다. 그 경우 '생'이라는 하나의 법에 생주이멸이 매달리고 '주'라는 법에도 생주이멸이 매달리는 방식의 캐스케이드cascade식으로, 즉 종속으로 퍼지는 것이 아니다. 생주이멸과는 별개의 '생생', '주주', '이이', '멸멸'이라는 네 개

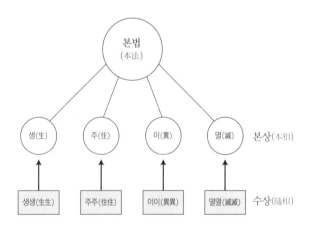

그림 4-3 유위의 4상四相

의 법이 있다고 생각했다(그림4-3). 처음에 상정한 하나의 유위법을 '본법本法'이라고 부르고 그것에 부수되는 생주이멸을 '본상本相', 2차적으로 부수되는 생생, 주주, 이이, 멸멸을 '수상隨相'이라고 부른다. 현재에 있는 각각의 유위법에는 모두 이만큼의 법이 한 찰나에 존재하는 것이다.

이 아홉 개의 법 가운데 본상의 '생'은 자기 이외의 여덟 개 법을 미래에서 현재에 끌어당긴다. 그리고 본상의 '생' 자신은 수상의 '생생'에 의해 끌어당겨진다. 즉 본상의 '생'은 자신 이외의 여덟 개 법을 현재로 끌어내고, 수상의 '생생'은 본상의 '생' 하나만 끌어내는 것이다. '주', '이', '멸'에 관해서도 완전히 같은 형태로 본상의 '주'는 자기 이외의 여덟 개 법을 현재라는 상태에 머물게 하고, '주' 자신은 '주주'에 의해 머문다. 본상의 '이'는 자신 이외의 여덟 개 법을 변이시키고, 자기 자신은 '이이'에 의해 변이한다. 그리고 본상의 '멸'은 자신 이외의 여덟 개 법을 현재라는 상태에서 소거해 과거로 보내는데 자기 자신은 '멸멸'에 의해 소거된다. 이 메커니즘의 특징은 본상과 수상 사이의 상호작용에 있다. 본상과 수상이 서로의 존재를 서로 제어하는 관계이기 때문에 무한연쇄의 모순을 벗어날 수 있다. 만일 본상과 수상의 관계가 위에서 아래로 한 방향으로만 이어져 있다면 '생'을 만들기 위한 '생생'이 필요하고, 그 '생생'을 만들기 위한 '생생생'이 필요하다는 구조로 필요한 법의 수가 무한대로 늘어나버린다. 이러한 상황을 피하고 게다가 모든 유위법이 각각 4상을 가지는 조건을 충족시키는 이론으로서 이러한 본상과 수상의 상호작용관계를 설정하고 있다. 이 수상(생생, 주주, 이이, 멸멸)은 본질적으로는 본상(생, 주, 이, 멸)과 같은 타입의 에너지이기에 따로 나누지 않고 하나로 묶어서 생, 주, 이, 멸이라는 틀에 넣는다. 생생은 생의 한 종류, 주주는 주의 한 종류라는 구조로 생각한다. 그 때문에 75법의 표에는 생주이멸밖에 없다. 이것으로 생주이멸이라는 유위의 4상 설명을 마치겠으나 마지막으로 유위법의 원리를 간략히 설명하겠다.

유위법의 산스크리트 원어는 '산스크리타다르마samskṛta-dharma'라고 하여 '만들어진 것'이라는 뜻이다. '어떠한 원인에 의해 미래에서 현재에 나타나 작용할 가능성을 가진 것'이다. 그렇기 때문에 유위법이 미래에서 현재로 이행해 작용하는 데에는 반드시 어떠한 원인이 있다. 원인 없이 어떤 유위법이 현재에 나타나는 경우는 절대로 없다. 이 원리에 의해 '이 세상에는 어떠한 초자연적인 절대자도 존재하지 않고, 모든 현상은 원인과 결과의 인과관계에 의해서만 생긴다'는 불교의 기본적 세계관이 입증된다.

그 반면에 어떠한 원인에 의해 현재에 나타난 유위법이 단 한 찰나만 머물고 곧바로 과거로 간다는 소멸의 원리에는 유위의 4상이외에 어떠한 원인도 없다. 유위법이 어떠한 원인에 의해 미래에서 현재로 끌려 나온 그 단계에서 생주이멸의 네 가지 법이 저절로부수되어 한 찰나에 사라진다. 유위법의 본질적 성질은 찰나멸이어서 결코 피할 수 없는 규칙이다. 두 찰나 이상 '현재'에 계속 작용하는 유위법은 단 한 개도 없다. 세상의 모든 유위법은 나타난 순간에 사라진다. 유위법은 열외 없이 '제행무상諸行無常'이다.

음성 언어의 전달에너지 ―
명신名身, 구신句身, 문신文身

무위법에서 시작하여 75법을 순서대로 설명하여 드디어 마지막이다. 그건 심불상응행법心不相應行法의 말미인 '명신名身'과 '구신句身'과 '문신文身'이다(이하 명名, 구句, 문文으로 부름). '명', '구', '문'이란 음성音聲에 의한 언어 전달로 거기에는 단순한 소리(音)와는 달리 특별한 전달에너지가 존재한다고 생각했다. 언어는 어느 특정 개념, 상념을 타인에게 전달하는 특수한 작용을 가리킨다.

그중 '명'이란 사물의 명칭이다. '코끼리(象)'라고 들으면 그 개념과 이미지를 마음에 떠올리는 경우다. '코'와 '끼'와 '리'라는 3음절이기에 그것을 듣는 데는 세 찰나가 걸리는데 세 찰나째 '리'를 듣는 단계에서 개념 전달이 종료된다. 그것은 '코끼리 코'라는 말을 듣는 경우, '코'와 '끼'와 '리'를 듣는 단계에서 '코끼리'의 상념이 발생되지만, 다음의 '코'를 듣는 찰나에 앞의 '코끼리' 상념은 소멸되고 새롭게 '코끼리 코'의 상념이 생긴다.

다음의 '구'란 문장이다. 예를 들어 "나는 예전부터 바다가 좋다"라는 말을 접했을 때처럼 하나의 의미가 완전히 나타나는 것이다. 거기에는 동작이나 성질이나 시제의 관계가 나타난다.

그리고 마지막의 '문'이란 음절이다. '가', '나', '다', '아~'와 같은 것이다. 《구사론》에서는 이러한 짧은 음절도 또한 하나하나가 법으로서 실재성을 가진다고 생각한다.

이상으로서 심불상응행법과 《구사론》에서 말하는 75법에 대한 대략적인 틀을 전부 설명했다. 그 중간에 시간론이나 업의 구조, 우주론 등도 설명했다. 이것으로 《구사론》이 말하는 '이 세상의 기본 구조'는 대부분 설명했다. 제5장에서는 업 이외의 인과법칙에 대해서 설명하겠다.

05

종합적으로 본
인과의 법칙 :

6인六因과 5과五果

이 책은《구사론》이 말하는 불교적 세계관과 그러한 세계관이 구축된 이유를 소개하는 것에 주안점을 두고 있다. 처음에 무위법에 대해 설명하고, 그 다음에 색법과 심·심소법, 그리고 심불상응행법이란 다양한 유위법을 설명했다. 그 법들이 미래에서 현재, 현재에서 과거로 옮겨가는 시간 발생의 메커니즘도 설명했다. 지옥에서 천계까지 유정이 사는 이 세상의 우주관에 대해서도 설명했다. 그리고 업의 이숙異熟에 의한 윤리적 인과관계에 대해서도 대강의 틀을 말했다. 설명해야 하는 것은 거의 설명했는데, 마지막으로 업의 인과관계 외에 일반적인 인과관계의 규칙을 소개하려고 한다.

업의 인과관계는 '좋은 일을 하면 언젠가 즐거움이 오고, 나쁜 일을 하면 괴로움이 온다'는 형태의 윤리적 인과법칙이다. 이것은 불교뿐만 아니라 고대 인도 사회 전체에 널리 침투되어 있던 통념으로 불교도 그 통념을 받아들인 것이다. 따라서 업의 인과관계는 초창기 불교 경전에 이미 나타나 있고 불교의 중심적인 교의로 중시되었다.

이에 비해 윤리적 요소를 포함하지 않는 일반적인 인과관계는 그다지 중시되지 않아서 전체적으로 체계화된 것은 아비달마 시대가 되면서부터다. 예를 들어 유위법이 미래에서 현재로 나타나는 방식에서 어째서 앞의 찰나에 출현한 법과 매우 비슷한 법이 다음 찰나에 나타나는가 하는 문제는 비로소 이 단계에서 깊게 생각할 수 있게 되었다. 그러한 인과관계 전체를《구사론》에서는 '6인

六因, 5과五果, 4연四緣'이라는 구조로 파악하고 있다. 이제부터 그 것들에 대해서 설명하겠다.

'6인, 5과, 4연'이란 이 세상의 인과관계를 분류하면 여섯 개의 인 과 다섯 개의 과와 네 개의 연으로 나뉜다는 의미다. '여섯 개의 인 과 다섯 개의 과'는 쉽게 이해할 수 있다. 원인이 여섯 종류이고, 그 것으로 생기는 결과는 다섯 종류가 있다는 의미다. 그럼 '네 개의 연'이란 무엇인가? 실은 이것은 '여섯 개의 인'과 같은 내용이다. 실제로는 6인과 4연은 같은 개념이다. 이 세상을 움직이는 원인, 바꿔 말하면 '미래에 있는 유위법을 현재로 끌어당겨 시간을 만드 는 요인'이다. 그것이 어째서 다른 두 가지 분류로 설명되는가 하 면, 그건 이 분류 방법이 다른 장소에서 만들어졌기 때문이다. 역 사적으로 보면 불교계는 '4연'을 예전부터 사용했었다. 초기 경전 에 이미 나타나있다. 이에 비해 '6인'은 설일체유부說一切有部 독 자의 생각으로 한참 뒤에 성립된 것이다. 이 두 가지를 나란히 두 었기 때문에 같은 '원인'이라는 개념이 '6인'과 '4연'이라는 중복된 분류로 나타난 것이다. 따라서 실제로는 6인과 5과만을 설명하면 이 세상의 인과관계의 기본을 알 수 있다. 그렇기에 이 책에서는 4 연의 설명은 생략하고 6인과 5과의 관계만을 살펴보겠다.

여섯 개의 연이란 능작인能作因, 구유인俱有因, 상응인相應因, 동 류인同類因, 변행인遍行因, 이숙인異熟因이다. 그리고 이 여섯 개의

인으로부터 다섯 종류의 과가 생겨난다. 증상과增上果, 사용과士
用果, 등류과等流果, 이숙과異熟果이다. 인과 과의 대응관계는 그림
5-1에 나타내었다. 여기서는 과가 네 종류밖에 표시되어 있지 않
으나 이 이외에 다섯 번째 과로 이계과離繫果가 있다. 이것에 대해
서는 제4장에서 설명했다. 꼬마전구 소켓에 꽉 끼워진 뚜껑이다.
이계과는 유위법과 무위법의 중개 역할을 하는 특이한 과이기에
일반적인 인과관계 속에는 들어가지 않는다. 그림 5-1에도 나타
나있지 않은 특별한 과이다.

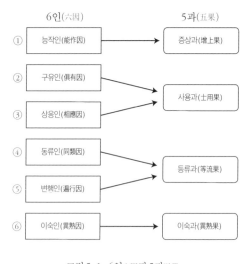

그림 5-1　6인六因과 5과五果

　이러한 용어가 번거롭고 복잡하게 섞여 나오면 머리가 거부 반
응을 일으켜 계속해서 읽는 것이 싫증나버린다. 제 자신도 지금까

지 그런 경험을 심하게 해왔기에 충분히 알고 있다. 그런 까닭에 더욱 직접적으로 중심 내용을 알 수 있도록 내가 임의로 지은 명칭으로 바꿔서 설명하겠다. ①있어도 상관없어 인(能作因), ②서로 협력하자 인(俱有因), ③심·심소에서 서로 협력하자 인(相應因), ④동료야 뒤를 이어라 인(同類因), ⑤번뇌동료야 뒤를 이어라 인(遍行因), ⑥나중에 업의 과를 일으킨다 인(異熟因). 이제부터는 이 이름을 사용하여 이야기를 해나가겠다. 정식 호칭이 무엇인지 확인하고 싶은 분은 이 쪽으로 돌아와 확인하기 바란다.

있어도 상관없어 인

이것은 상당히 별난 인과법칙으로 어떤 법이 다른 법의 발생을 방해하지 않는 경우, 그 법은 다른 법의 존재 원인이라는 것이다. 예를 들어보면 금방 알 수 있다. 태양계의 멀고 먼 저편에 안드로메다 성운의 별들도 모두 유위법이다. 나라는 존재는 지구 위에 있고 한편 안드로메다 성운에는 안드로메다 성운의 유위법이 있다. 둘은 서로 상대의 존재를 방해하지 않는다. 내 탓으로 안드로메다 성운이 존재하지 않는다든가 안드로메다 성운을 형성하고 있는 유위법이 나의 존재를 방해하는 그러한 관계는 없다. 나를 구성하는 유위법과 안드로메다 성운을 구성하는 유위법은 서로 '있어도 상

관없어' 하는 입장으로 상대의 존재를 수용하고 있다. 이것을《구
사론》에서는 일종의 인과관계라고 생각하여 '있어도 상관없어 인
(能作因)'을 설정한 것이다. 지금 이 경우라면 나는 안드로메다 성
운에 있어서 '있어도 상관없어 인'이며, 반대로 안드로메다 성운은
나에게 있어서 '있어도 상관없어 인'이다. 내가 '있어도 상관없어
인'이라면 그 덕에 존재하는 안드로메다 성운은 '있어도 상관없어
인'의 결과다. 이 과를 전문용어로는 '증상과增上果'라고 한다. 이것
도 어려운 용어이기에 여기서는 '있어도 상관없어 과'로 부르겠다
(인연과 결과의 명칭에 대해서는 그림 5-1을 참고). 즉 내가 '있어도 상
관없어 인'이고 안드로메다 성운은 '있어도 상관없어 과'이며, 반
대로 안드로메다 성운이 '있어도 상관없어 인'이고 내가 '있어도
상관없어 과'이기도 한 관계이다(그림 5-2).

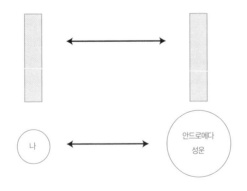

그림 5-2 '있어도 상관없어'의 인과관계

'있어도 상관없어 인'의 작용은 현재뿐만 아니라 미래의 유위법에도 작용한다. 지금 현재 나의 존재는, 지금 현재 안드로메다 성운에 있어서 '있어도 상관없어 인'뿐만 아니라 이제부터 생겨날 온갖 찰나 미래의 안드로메다 성운의 '있어도 상관없어 인'이기도 하다. 우선 현재의 안드로메다 성운을 생각할 경우, 나라는 '있어도 상관없어 인'과 현재의 안드로메다 성운이라는 '있어도 상관없어 과'는 동시존재이기 때문에 그 인과관계는 동시인과同時因果, 즉 같은 순간에 두 개의 법이 서로 인이 되고 과가 되는 상호의존관계가 된다. 반면 지금 내가 '있어도 상관없어 인'이기 때문에 그 후에 나타날 안드로메다 성운은 아직 현재에 나타나지 않고 미래에 머물고 있다. 즉 인과 과는 시간적으로 차이가 있다. 그리고 시간이 지나 미래의 안드로메다 성운이 나타나는 단계에서 '있어도 상관없어 인'인 나는 이미 과거로 가버린다. 이 경우 상호의존관계에 근거한 동시인과가 아닌 원인 → 결과라는 계시(繼時, 시간의 흐름)적 관계가 된다. 이와 같이 '있어도 상관없어'의 인과법칙은 시간을 초월해 모든 유위법 사이에 성립되는 가장 기본적이고 광범위한 인과법칙이다.

'나' 또는 '안드로메다 성운'이라는 개별 케이스로 생각하는 것은 그만두고 '과거의 유위법', '현재의 유위법', '미래의 유위법'이라는 케이스로 생각해보겠다. 과거의 필름통으로 말려 들어간 유위법은 모두 한 찰나만 현재를 통과한 경험을 가지고 있다. 즉 다른 법에 방해받지 않는 덕에 현재에 나타났다는 경력을 가지고 있기 때문에 '있어도 상관없어 과'이다. 그리하여 현재에 나타났을 때 다른 법의 발생을 방해하지 않는 작용을 하기 때문에 '있어도 상관없어 인'이기도 하다. 다음으로 현재의 유위법을 보면 지금 현재 나타나며 다른 법의 발생도 방해하지 않기 때문에 '있어도 상관없어 과'이며 '있어도 상관없어 인'이기도 하다. 그리고 미래의 유위법은 아직 현재로 내려오지 않았기 때문에 실제로 '있어도 상관없어 인'으로서 작용할 리가 없고 '있어도 상관없어 과'로 현재에 나타날 리도 없지만, 언젠가 현재에 나타나는 단계에서 반드시 '있어도 상관없어 인'으로 작용하고 자기 자신은 '있어도 상관없어 과'로서 나타나는 것은 확정되어 있다. 그러므로 전체를 살펴보면 삼세三世에 걸쳐서 모든 유위법은 '있어도 상관없어' 인과법칙에서 인과 과가 된다.

이 인과법칙에 근거해 세계를 바라보면 세상만물은 물질이건 심·심소이건 전부 서로의 존재를 허용하는 관계로 이어져있다. 결코 적극적인 의미에서의 의존관계는 아니지만 어쨌든 '모든 것은 관계하고 있다'는 세계관이다.

일체의 유위법은 '있어도 상관없어' 인과법칙으로 존재하는데, 그럼 무위법은 어떠한 관계일까? 무위법의 경우 자기 자신은 다른 법에 의해 생기는 것도 아니며 의존하는 것도 아니다. '그저 그것만이 있다'는 독립 존재다. 그러므로 무위법이 다른 법에 의해 생겨나는 것이 아니기 때문에 '있어도 상관없어 과'가 되는 일은 없다. 반면 "무위법이 아무것도 방해하지 않는 덕에 모든 유위법은 생기生起할 수 있다"고 말할 수 있다. 예를 들어 절대 진공 공간인 허공은 어떠한 유위법의 존재도 방해하지 않기에 유위법에 있어서 '있어도 상관없어 인'이다. 이렇게 생각하면 무위법의 경우 '있어도 상관없어 인'이기는 하지만 '있어도 상관없어 과'는 절대로 될 수 없다. 모든 유위법의 생기를 돕지만 자신은 누구의 도움도 받지 않는다는 입장이다.

이와 같이 '있어도 상관없어' 인과법칙은 매우 넓으며, 그리고 매우 소극적인 형태로 세계 전체에 편만遍滿한 인과법칙이라는 것을 알 수 있다. 그건 인과법칙이라기보다 오히려 '연결 확인'이라는 의미의 세계관이다. 다만《구사론》을 보면 같은 '있어도 상관없어' 인과법칙이 조금 더 적극적인 의미로 사용되는 경우도 확인할 수 있다. 예를 들어 "오근五根과 오경五境이 '있어도 상관없어 인'이 되어 오식五識을 생기시킨다"라든가 "유정의 공통업共通業이 인이 되어 수미산 등의 무기세계(器世間)를 생기시키는 경우 그것은 '있어도 상관없어 과'로서 생기한다"라는 현상은 A로부터 B가 생긴다는 형태의 강한 인과관계이다. 필시 6인5과六因五果 전체 구성이 정해진 후에 거기에 다 넣을 수 없는 현상을 적용 범위가 가장 넓은 '있어도 상관없어' 인과법칙에 넣었기 때문이라고 생각한다. 그 결과 그것은 아주 평범하고 일상적인 인과관계로 널리 일반화

되었다. 그러나 그러한 뒤의 변화는 가만 두더라도 전 세계를 빠짐없이 이어주는 '있어도 상관없어' 인과법칙이라는 인과관계가 설정되어 있다는 사실은 흥미롭다.

서로 협력하자 인

이것은 몇 개 복수의 법이 동시에, 그리고 서로 협력하여 어떤 한 개의 큰 분류를 구성하는 경우의 인과법칙이다. 이와 같이 복수의 법이 서로 의존하고 협력하여 무언가를 구성하는 경우 각각의 법은 자신 이외의 법에게 인因인 동시에 자신 이외의 법에 의해 성립되는 과果이기도 하다(그림 5-3). 이러한 경우 인을 '서로 협력하자 인'(俱有因)이라고 하고, 과를 '서로 협력하자 과'(士用果)라고 한다 (그림 5-1 참고).

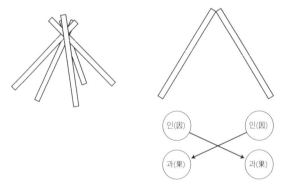

그림 5-3 '서로 협력하자'의 인과관계

이 인과법칙의 가장 중요한 특징은 '동시성同時性'이다. 구성하는 요소 서로가 '서로 협력하자 인'이며 '서로 협력하자 과'이기도 하기 때문에 그 찰나에서만 성립된다. 지금 현재의 요소가 과거로 지나가버린 분류를 구성하는 것이 아니다. 서로 한 곳에 모여 하나의 분류를 구성하는 상황은 어디까지나 찰나마다 현상으로 나타나기 때문에 '서로 협력하자' 인과법칙은 한 찰나 세계에서만 성립된다. 따라서 '서로 협력하자' 인과관계는 반드시 현재라는 한 찰나 안에서 성립된다. 앞서 설명했듯이 '있어도 상관없어' 인과법칙의 경우는 'A가 B에 작용한다'라는 적극적인 의미는 없고 단순히 '방해하지 않는다'는 것이었다. 그래서 삼세三世 전체에 걸쳐 그 인과법칙을 적용하는 것이 가능했다. 지금의 경우는 어떤 분류를 구성하는 현실 작용에 관계하는 인과관계이기에 관계성이 더욱 엄밀하다. 이 인과법칙으로 성립된 분류를 구체적으로 살펴보겠다.

4대종四大種

제1장에서 설명했듯이 세상의 색법色法은 전부 지수화풍地水火風이라는 4대종四大種의 극미極微가 만든 가마와 그 위에 타고 있는 소조색所造色으로 구성되어 있다(단, 무표색無表色은 제외). 그 4대종이 만드는 가마는 '서로 협력하자' 인과법칙에 의해 구성된 분류

이다. 네 요소는 반드시 함께 나타나고 색법의 세계를 유지하는 토대를 형성한다. 그러한 의미로 지수화풍은 각각의 '서로 협력하자 인'이 되고 '서로 협력하자 과'가 된다.

유위법과 그 법에 부수되는 유위의 4상(四相, 生住異滅)

앞 장에서 말했듯이 모든 유위법은 미래에서 현재로 나타나는 단계에서 유위의 4상四相이라는 네 개의 심불상응행법心不相應行法을 데리고 온다. 그것이 영사기 화면을 구동하여 유위법을 미래에서 현재, 그리고 과거로 보낸다. 유위법이 현재에 나타날 때의 한 세트, 즉 본체의 유위법과 그것에 부수되는 유위의 4상이 세트로 된 다섯 개 법은 '서로 협력하자' 인과법칙으로 성립된 분류다. 서로가 서로의 존재를 받쳐주며 단 한 개의 결손도 허락하지 않는 원리로 성립된다. 따라서 이 다섯 개의 법은 서로 '서로 협력하자 인'이 되고 '서로 협력하자 과'가 된다.

　주목해야 할 것으로 '생생生生, 주주住住, 이이異異, 멸멸滅滅'이라는 제2단계의 4상(隨相)은 '서로 협력하자' 인과법칙에 포함되지 않는다. '포함시켜도 괜찮지 않을까'라고 생각되지만 어떠한 이유에서인지 외부에 놓여있다. 아마 본체의 유위법과 관계성이 부족하기에 2차적인 요소로 제외된 것 같다.

마음과 그 마음을 따라 생기는 모든 법

어떤 생명체의 마음이 현재에 일어나는 경우 그 마음과 반드시 함께 생기는 법은 모두 서로 간에 '서로 협력하자 인과 과'가 된다. 심·심소가 모여 이루어진 분류를 문어의 모습으로 표현해왔으나, 여기서 생각하는 것은 문어만이 아닌 심·심소법에 반드시 부수되어 생기는 법도 전부 포함한 거대한 스케일의 분류다. 그 분류의 요소는 모두 서로 간에 '서로 협력하자 인'이 되고 '서로 협력하자 과'가 된다.

그러면 도대체 얼마만큼의 법이 반드시 마음과 함께 생겨나는 것일까?《구사론》에서는 다음과 같이 생각한다. 가운데 있는 문어 머리와 거기서 뻗어 나온 몇 줄기의 다리, 즉 심·심소법의 세트이다. 이건 말할 필요도 없이 한 세트이다. 어떤 찰나에 심과 함께 생겨나는 심소법은 '심과 함께 생겨나는 법'이다. 그 외에 어떠한 법이 심과 함께 생겨날까? 심·심소법 하나하나가 유위법이며 그것이 현재라는 찰나로 오기 때문에 하나하나에 유위의 4상이 매달려 내려가고 있다. 그것도 또한 문어를 형성하는 필요한 요소다. 게다가 심법 본체에 부수하는 제2단계의 4상(隨相) 네 개도 '심과 함께 생겨나는 법'이다(그림 5-4). 이것만이 '마음과 함께 생겨나는 법'이다. 단 그중에 '생생, 주주, 이이, 멸멸'의 수상隨相은 '서로 협력하자' 인과법칙에는 포함되지 않는다.

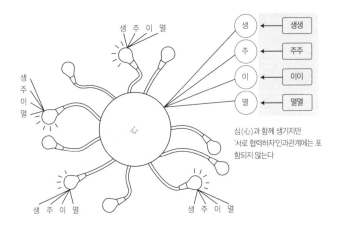

생 주 이 멸

생
주
이
멸

생생
주주
이이
멸멸

생
주
이
멸

心

심(心)과 함께 생기지만
'서로 협력하자'인과관계에는 포
함되지 않는다

생 주 이 멸

생 주 이 멸

그림 5-4   심과 그 심을 따라 생기는 법(심소 중에서 빛나고 있는 것만 해당됨)

이 책을 (처음으로) 읽는 분이라면 '득得·비득非得은 어떻게 되
는가?'라는 의문이 생길 것이다. 제4장에서 심불상응행법 처음에
득·비득이라는 것은 일종의 결합에너지·분리에너지라고 설명했
다. 그건 유정에만 관계하며 유정의 요소결합체(相續)를 형성하는
육체와 심·심소 등에 득·비득이 부수하여 생긴다고 했다. 그렇다
면 득·비득도 또한 문어를 형성하는 필요 요소이지 않은가? 어째
서 그것이 여기서 포함되지 않은지 의문이 생기는 것은 매우 당연
하다. 답은 다음과 같다. 그것들은 분명 심·심소의 통합체로서 문
어가 나타날 때 반드시 함께 나타나 작용한다. 그러나 심·심소가
없는 경우에도 단독으로 작용할 때가 있다. 그것은 무상정無想定,
무상과無想果, 멸진정滅盡定에 들어갔을 때이다. 이러한 상태에 들

어간 생명체는 심·심소 정지상태가 되지만 육체는 그대로 존속한다. 득·비득은 심·심소뿐만 아니라 육체에도 부수되어 하나의 생명체로 합쳐진 형태로 유지하는 작용을 하기에, 심·심소 정지상태의 생명체에도 생긴다. 즉 득·비득은 심·심소가 없는 경우에도 출현 가능하다. 이것은 다른 심소나 심·심소에 부수하는 유위의 4상과는 성질이 다르다. 문어를 구성하는 것에 반드시 필요하며 게다가 문어가 없는 경우 단독으로 나타나는 일은 없다는 기준을 설정한다면, 득·비득은 제외되는 것이다.

같은 원리가 명근命根이나 중동분衆同分에 대해서도 통한다. 이들 심불상응행법도 반드시 유정에 부수되어 생기지만 무상정, 무상과, 멸진정에 들어갔을 때도 끊임없이 생기기에 '마음에 반드시 부수되어 생기는 법'이라고는 말할 수 없기 때문에 제외된다.

이러한 현상이 '서로 협력하자' 인과법칙의 구체적인 예이다. 《구사론》이 동시인과성同時因果性이라는 것을 매우 평범한 법칙으로 도입한 것을 알 수 있다.

심·심소에서 서로 협력하자 인

이름에서 알 수 있듯이 이것은 앞서 설명한 '서로 협력하자 인'의 한 종류이다. 그중에서도 특히 심·심소의 집합체만을 거론할 경우에 사용한다. 이 '심·심소에서 서로 협력하자 인'의 본명은 '상응인 相應因'인데, 앞에서 설명했듯이 '상응'이라는 용어는 특수용어로 심·심소가 결합하여 하나의 문어가 되어 '현재'에 나타날 때 그 심·심소의 결합을 가리킨다. 그런 이유로 나는 '상응인'을 '심·심소에서 서로 협력하자 인'이라고 번역한 것이다.

세상에는 복수의 요소가 모여 하나의 큰 분류를 형성하는 예가 얼마든지 있다. 그 경우 각 요소는 모두 '서로 협력하자 인'이 되고 '서로 협력하자 과'가 된다. 앞에 말한 '4대종' 등은 그 전형적인 예이다. 그러나 그중에서도 심·심소가 만드는 분류는 불교에서 특히 중요한 의미를 가진다. 수행 목적이 번뇌계심소의 완전한 차단에 있는 이상 심·심소를 어떻게 다루고 어떻게 개선할 것인가 하는 방법이야말로 최우선이다. 그렇기 때문에 심·심소의 분류만이 특별 취급되어 '심·심소에서 서로 협력하자 인'(相應因)이라는 별칭으로 불리는 것이다. 그러나 실질적으로는 보통의 '서로 협력하자 인'과 완전히 똑같기에 그 일부로 생각하면 된다.

만약을 위해 설명하는데 이것은 앞에서 설명한 '서로 협력하자' 인과법칙 중에서 구체적인 예로 들었던 '마음과 그 마음을 따라 생기는 모든 법'의 분류와 상당히 유사하지만 다르다. '마음과 그 마음을 따라 생기는 모든 법'에는 심·심소뿐만 아니라 거기에 부수되는 유위의 4상도 포함되어 있었다. 그러나 유위의 4상은 '번뇌계심소를 차단한다'는 불도수행의 프로세스와는 어떠한 관계도 없는 보통의 자연현상이다. 유위법이 미래에서 현재, 과거로 흘러가는 형태를 설명하기 위한 규칙으로 번뇌가 있든지 없든지 간에 유위법이 나타날 경우에 반드시 부수되는 '필름을 보내는 에너지'이다. 따라서 그걸 특별히 중시하는 이유는 없다. '심·심소에서 서로 협력하자' 인과법칙의 관점은 어디까지나 심과 심소의 결합체만으로 한정한 것이어서 유위의 4상은 포함되지 않는다.

동료야 뒤를 이어라 인

유위법이 미래에서 현재로, 현재에서 과거로 변이할 때 그 유위법은 미래에 존재하는 법 안에서 자신과 아주 비슷한 법을 끌어당기는 경향이 있다. 자기 뒤에 자신과 비슷한 법을 끌어당겨 오려는 힘이다. 그 경우 끌어당기는 쪽을 인因, 끌려오는 쪽을 과果라고 생각할 수 있다. 일종의 인과법칙이다. 이것을 '동료야 뒤를 이어라 인'(同類因)과 '동료야 뒤를 이어라 과'(等流果)라고 한다.

이 인과법칙의 적용 범위는 유위법 전체다. 생명체만의 이야기가 아니다. 생물, 무생물에 상관없이 모든 유위법에 이 인과법칙이 들어맞는다. 어떤 유위법이 현재에 나타나 어떤 작용을 행하면 자연스럽게 뒤에 자신과 비슷한 법을 끌어당기는 일종의 계속력繼續力을 만들어 낸다. 그러므로 만일 특별한 사정이 없으면 그 법의 직후에는 그것과 같은 종류의 법이 나타나게 된다. 이 프로세스가 연속하면 같은 법이 줄곧 연속하여 계속 나타나는 상황이 된다. 그러나 실제로는 그렇지 않은 특별한 사정이 산처럼 있기에 연속하지 않는 경우도 많다. 다른 인과법칙 영향으로 연속성이 끊어진 경우도 있기 때문이다. 그럼에도 불구하고 '동료야 뒤를 이어라 인'의 힘은 사라지지 않는다. 찰나의 연속성이 끊어졌어도 시간을 두고 장래에 언젠가 그 힘은 같은 종류의 법을 끌어당긴다. 즉 '동료야 뒤를 이어라 인'은 경우에 따라서는 직후 찰나에 같은 종류의 법을 끌어당기는 것도 있으며, 한참 뒤에 같은 종류의 법을 끌어당기는 것도 있다. 어쨌든 유위법에는 자신의 뒤에 같은 종류의 법을 끌어당기는 경향이 본래부터 갖춰져 있다.

예를 들어 책상 위에 꽃병이 놓여있다고 하자. 그것은 색법으로 이루어져 있다. 상세하게 말하면 색色, 향香, 미味, 촉觸의 법으로 구성되어있다(소리가 나지 않은 경우). 보다 상세하게 말하면 지수화풍의 극미와 소조색의 극미가 만든 가마유닛의 복합체다. 만약 세계가 적막하게 가라앉아 무엇 하나 변화가 생기지 않는다면 꽃병을 구성하는 모든 법은 '동료야 뒤를 이어라' 인과법칙으로 앞의 찰나와 완전히 똑같은 법을 끌어당기기 때문에 앞의 찰나와 완전히 똑같은 꽃병이 나타나게 된다. 그 다음 찰나도 그 다음 다음 찰나도 같기 때문에 거기에는 완전히 똑같은 꽃병이 꽃병 → 꽃병 → 꽃병이라는 연속성으로 하나의 어긋남도 없이 복사된다. 꽃병은 몇 백 년, 몇 천 년을 놔두더라도 전혀 변하지 않을 것이다.

　그러나 그렇게는 되지 않는다. 꽃병을 천 년간 놔두면 반드시 낡아진다. 시간 흐름 속에서 본래 꽃병과는 다른 것으로 변화한다. 그것은 어째서인가? '동료야 뒤를 이어라' 인과법칙만 온전히 기능하고 있고 다른 인과법칙은 작용하지 않는다면 찰나마다 완전히 똑같은 법이 연속해서 나타나기 때문에 그 복합체인 꽃병도 전혀 변화하지 않을 것이다. 그러나 실제로 이 세계는 '동료야 뒤를 이어라' 인과법칙 이외에도 다양한 인과법칙에 의해 전변하기 때문에 우주는 전체가 항상 변화하여 모습을 바꾼다. 그 때문에 꽃병을 구성하는 무수한 법도 시간의 흐름 속에서 지금까지 있던 것이 다음 찰나에는 나타나지 않거나 지금까지 없던 법이 나타나는 등 다양하게 변화한다. 찰나마다 변화는 일반적으로 매우 극세하기 때문에 우리 인간의 눈으로는 인식할 수 없다. 그렇기 때문에 우리는 '같은 꽃병이 줄곧 거기에 있다'고 착각한다. 그러나 실제로는 '동료야 뒤를 이어라' 인과법칙이 미세한 흔들림 등의 찰나에도 반드시 생겨나 찰나마다 그 변이는 조금씩 겹쳐지고 있다. 즉 꽃병은 사람의 감각으로는 파악할 수 없을 정도의 늦은 속도로, 그러나 찰나마다 착실하게 계속 변화한다는 것이다. 그 미세한 변화를 천 년분 겹쳐보면 원래 꽃병과는 완전히 모습을 바꾼 '천 년분 낡아진 꽃병'이 거기에 나타난다. 실로 이것이야말로 거시적 의미에서 '제행무상諸行無常'이라는 원리의 본질이다. 복잡한 인과법칙의 그물로 관계된 모든 법이 '동료야 뒤를 이어라' 인과법칙으로 기본적으로는 현상을 유지하면서도 전우주적인 변동 속에서 부단히 전변해가는 상태를 설명하고 있다.

꽃병의 예는 무기물이지만 말할 필요도 없이 같은 변이가 '나'라는 복합체에도 생긴다. 육체를 구성하는 색법과 심·심소의 문어와 그것들 전부에 부수되는 다양한 심불상응행법의 집합체가 '나'인데, 그것은 꽃병과 같은 형태로 찰나마다 변화하며 머무는 일이 없다. '동료야 뒤를 이어라' 인과법칙 덕에 어느 정도의 자기동일성이 유지될 수 있으나, 그럼에도 불구하고 찰나마다 나는 다른 상태로 변한다. '어제의 나와 오늘의 나는 똑같다'는 것은 착각이다. '나(我)'를 지니지 않은 단순한 요소의 집합체에 불과한 나는 시시각각 다른 것으로 바뀌고 있다. 제행무상의 세상에서 영원히 윤회를 반복하는 나는 한시라도 같은 모습으로 머물 수 없다. 그것을 괴로움으로 파악해 그 괴로움을 끊기 위해서 무위법인 열반을 지향한다. 그것이 불교라는 종교가 설하는 길(道)이다.

'동료야 뒤를 이어라 인'의 특성을 설명하겠다. '동료야 뒤를 이어라 인'과 '동료야 뒤를 이어라 과'의 전후관계는 미래의 법에는 설정되지 않았다. 미래에 존재하는 무수한 유위법 가운데 어떤 한 가지를 선택해 그것이 다른 어떤 법의 '동료야 뒤를 이어라 인'으로 작용하는지 또는 다른 어떤 법의 '동료야 뒤를 이어라 과'가 되는지 그 관계성이 정해지지 않았기 때문이다.

예를 들어 미래 영역에 몇 천 몇 백 개의 같은 색, 같은 모양의 유리구슬이 존재한다고 하자. 그것에는 1부터 순서대로 번호가 붙어있다. 1번 유리구슬, 2번 유리구슬이라는 구성이다. 그중에 어떤한 개가 미래에서 현재로 이동해서 '동료야 뒤를 이어라 인'으로서 작용했다고 하자. 그럼 그 작용을 받아 미래에 있는 몇 천 개의 유리구슬 중 어떤 한 개가 우연히 끌어당기는 조건에 가장 맞는 다른 유리구슬이 '동료야 뒤를 이어라 과'로서 현재에 나타난다. 이러한 프로세스를 반복하는 것으로 미래에 있는 유리구슬은 한 개씩 현재에 나타나게 된다. 일단 나타나버리면 출현 순서는 근본적으로 정해진다. 예를 들어 124번 → 32번 → 1587번 → 887번이라는 구조이다. 그러면 124번은 32번의 '동료야 뒤를 이어라 인'이고 그 32번은 1587번의 '동료야 뒤를 이어라 인'이라는 것처럼 어떤 구슬이 어떤 구슬의 '동료야 뒤를 이어라 인'이 되는 상호관계도 결정된다(그림 5-5). 따라서 '현재'와 '과거'에 대해서는 '동료야 뒤를 이어라' 인과법칙의 전후관계가 엄밀히 정해져있다. 그러나 미래에 있는 유리구슬을 볼 경우에는 어떤 구슬이 어떤 구슬의 '동료야 뒤를 이어라 인'이 될 것인가의 관계가 정해져있지 않다. 미래에 있는 411번 구슬과 2003번 구슬 가운데 어느 쪽이 먼저 현재에 나타날지 짐작해서 알아맞힐 수 없다는 것이다. 그것은 복잡하게 뒤얽혀진 인과관계 속에서 그때가 되어야 결정된다. 따라서 미래에 있는 유위법에 관해서는 '동료야 뒤를 이어라' 인과법칙은 적용되지 않는다. 현재와 과거의 유위법만이 관계하는 것이다.

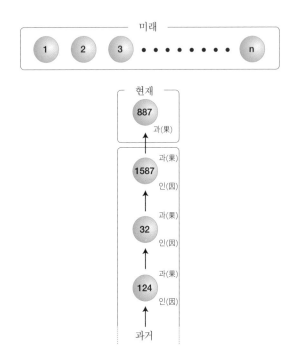

그림 5-5 '동료야 뒤를 이어라'

'동료야 뒤를 이어라' 인과법칙은 매우 일반적인 규칙이지만 그 때문인지 해석의 폭이 상당히 넓다. 즉《구사론》중에서도 여러 가지 다른 해석이 있다. 예를 들어 '동료야 뒤를 이어라' 인과법칙은 "어떤 단일의 상속相續, 예를 들어 한 사람의 개인이든지 한 그루의 나무라고 하는 연속하는 한 개체 영역에서만 적용된다"는 해석도

있으며, "상속에 관계없이 그 법에 이어서 나타나는 같은 종류의
모든 유위법 사이에 성립된다"는 해석도 있다. 이런 점에 대해서
는 통일된 견해에 이르지 못했던 것 같다. 어찌 되었든 간에 "유위
법은 자신과 같은 종류의 유위법을 끌어당기는 경향이 있다"라는
이해는, 이 세상이 제행무상이건만 어째서 우리들은 그것을 불변
하고 상주常住한 것으로 착각하는가 하는 기본적 의문에 답을 주
는 것이다.

번뇌동료야 뒤를 이어라 인

이것은 이름에서도 알 수 있듯이 '동료야 뒤를 이어라 인' 가운데
한 종류다. 번뇌라는 말이 앞에 붙은 것으로 알 수 있듯이 번뇌계
심소 중에서 성립된 '동료야 뒤를 이어라' 인과법칙만을 특별히 거
론하여 말한 것이다. 그 이유는 말할 필요도 없이 번뇌가 불도수행
에 있어서 무엇보다도 중대한 요소이기 때문이다.

우리들은 평범하게 생활하는 한 언제나 번뇌를 일으키며 살아
간다. 특별한 방법을 사용하지 않는 한 그것을 끊는 것은 불가능하
다. 그 특별한 방법이라는 것이 석가모니 부처님이 스스로 찾아낸
수행의 길, 즉 불교이다. 필시 석가모니 부처님 자신은 그 길을 체
계화하여 설하지는 않았다. 상대의 상황에 맞게 개별적으로 지도

했기에 가르침은 매우 실제적이고 단편적인 것이었던 게 틀림없다. 그것을 후대의 수행자들이 알기 쉽게 정리하여 누구라도 이용할 수 있도록 일반적인 법칙으로 체계화했다. 그것이 아비달마이며,《구사론》은 그 아비달마의 대표적인 작품이다. 따라서 그중에는 불도수행의 중심 테마인 '번뇌를 어떻게 끊을 것인가' 하는 문제가 매우 상세하게 설명되어있다. 끊어야 하는 번뇌라는 것에는 어떤 종류가 얼마나 있고, 그것이 어떠한 상태로 존재하는지 '번뇌의 분류'도 당연히 설명되어있다.

그 기본은 두말할 필요도 없이 번뇌계 심소다. '대번뇌지법大煩惱地法', '대불선지법大不善地法'이라고 하는 수많은 번뇌가 심소로 나타나는 것은 앞서 설명했다. 또는 '대지법大地法' 가운데 '혜慧'와 같이 상태에 따라 번뇌로 작용하거나 반대로 깨달음으로 향하는 원동력으로 작용하는 양면성의 심소도 있었다(제1장의 표1-1 참조).

"번뇌란 무엇인가" 하고 묻는다면 이것들의 심소가 번뇌라고 말하면 끝나지만, 수행자 입장에 서서 실제 문제로서 한층 치밀한 분류가 필요하다. 단순히 "번뇌에는 이러이러한 종류가 있어요"라는 것이 아닌 "수행 중에 이 단계에 이르면 이러이러한 번뇌를 끊을 필요가 있으며, 그 다음 단계로 나아가면 거듭 이러이러한 번뇌를 지우지 않으면 안 된다"라는 방식으로 수행 과정에 따른 번뇌의 분류가 중요해진다. 예를 들어 '오만傲慢'이라는 심소를 거론해보면, 그것은 다양한 마음에 부수되어 나타난다. 욕계의 산만한 마음(散心)의 생명체에도 나타나며, 색계나 무색계의 정신집중으로 있는 천天에게도 생긴다. 그것은 모두 끊지 않으면 안 되는 번뇌지만, 욕계의 '오만'과 색계의 '오만'과 무색계의 '오만'에서는 질이 다르기 때문에 한 번에 지울 수 없다. 욕계, 색계, 무색계의 순서에 따라 한 발 한 발 앞으로 나가는 것밖에 방법이 없다. 그렇기 때문에 같은 '오만'이라는 번뇌도 세 단계의 다른 것이 있다는 분류가 필요하다. 게다가 그 세 단계의 '오만'도 그것을 어떠한 방법으로 지울 것인가 하는 구체적인 제거 방법의 차이에 따라 한층 세분화되어 수십 개의 단계로 나누어진다.

수행자 입장에서 분류한 이러한 분석이 극한까지 나아간 결과, 《구사론》에서는 매우 복잡하게 얽힌 번뇌의 분류체계가 작성되어 그것만으로도 하나의 장章으로 되어있다. 그러나 이 책의 목적은 어디까지나 《구사론》이 말하는 세계관을 소개하는 것이기에 그 세계 속에서 수행자가 어떻게 번뇌를 없앨 것인가 하는 수행 방법은 설명하지 않겠다. 그것에 대해서는 다시 다른 불교 서적으로 출판하려고 한다. 다만 지금 설명하는 '번뇌동료야 뒤를 이어라 인'은 그 번뇌 체계와 밀접하게 관련되어 있기에 필요상 약간 그곳에 발을 들여놓았다.

이러한 복잡한 번뇌 체계 중에 변행수면遍行隨眠이라는 특정 영역이 설정되어있다. 특별히 힘이 강한 번뇌 집단이다. 구체적으로 이름을 거론하면 치癡, 의疑, 유신견有身見, 변집견邊執見, 사견邪見, 견취견見取見, 계금취견戒禁取見이다. 이 일곱 종류의 특정 상태에 있는 번뇌들은 번뇌 중에서도 특히 힘이 강해 '동료야 뒤를 이어라 인'으로서 작용할 경우 자신과 같은 법만이 아닌 다른 모든 번뇌를 끌어당기는 힘이 있다. 예를 들어 치癡는 자신과 같은 치 번뇌를 끌어당기는 것은 당연하며 다른 번뇌도 계속해서 끌어당기는 힘이 있다. 폭넓게 번뇌를 끌어당기는 힘이 있는 변행수면의 '동료야 뒤를 이어라 인' 작용을 특별히 '번뇌동료야 뒤를 이어라' 인과법칙으로서 설정한 것이다. 그러나 실상은 '동료야 뒤를 이어라' 인과법칙의 한 종류에 불과하다.

여기서 한 가지 주의해야 할 점은 '번뇌동료야 뒤를 이어라 인'은 변행수면의 심소만이 아닌 그 변행수면과 함께 나타나는 심·심소법도 전부이며, 게다가 그것에 부수되는 유위의 4상도 전부 포함시킨다는 점이다. 변행수면이라는 강력한 번뇌가 나타나면 그것을 포함한 심·심소 전체가 온갖 번뇌를 일으키는 원동력으로 작용한다는 것이다.

나중에 업의 과를 일으킨다 인

이것은 말할 필요도 없이 업業의 인과법칙이다. 불교에서 가장 중대하고 피해야만 할 인과법칙이다. 그 내용은 앞서 설명했기에 여기서는 다시 설명하지 않겠다. 요점은 윤리적 선악관에 근거한 인과법칙이며, 그 원칙은 '착한 행위는 즐거움(樂)을 끌어당기고, 나쁜 행위는 괴로움(苦)을 끌어당긴다'는 것이다. 이 인과법칙에서 원인과 결과는 반드시 시간적으로 떨어져있어 원인 바로 뒤에 결과가 나타나는 일은 없다. 그리고 원인과 결과 사이에 유사성도 없다. 즉 착한 일을 하면 나중에 그 착한 행동과는 무관한 다른 형태(無記)로 즐거움(樂)의 결과가 나타난다.《구사론》에서 이 업의 인과법칙을 한 장章을 통째로 사용해 엄청난 양으로 설명하고 있는데 너무나 상세하기에 이 책에서는 다루지 않겠다. 다만 업의 인과법칙이 세상을 움직이는 6인六因·5과五果의 한 요소로 중요한 작용을 담당하고 있다는 점만은 이해해주셨으면 한다.

06

—

분류에 따라 바뀌는
세계의 관점 :

5온_{五蘊}, 12처_{十二處}, 18계_{十八界}

세계는 75종류의 법으로 구성되어 있다. 지금까지 그 내용들을 소개해왔다. 무위법無爲法이 있고, 색법色法, 심법心法, 심소법心所法이 있으며 마지막이 심불상응행법心不相應行法이다. 다섯 가지로 나뉘어있기에 이것을 '5위五位 75법七十五法'이라고 부른다. 다섯 개 범주로 분류된 75종류의 법이라는 의미다. 여기에 이 세상의 존재가 망라되어있어 설명은 끝나지만, 조금 더 이야기를 이어 나가려고 한다. 5위 75법 이외에 다른 분류도 있다는 이야기다.

색법을 '인식하는 색법'과 '인식되는 색법'으로 선을 그으면 자연과학적 분류와는 또 다른 흥미로운 세계가 나타나는 것은 앞서 제1장에서 설명했다. '눈(眼)과 그 대상인 색깔·형태'와 같은 분류다. 분류 작업은 우리 세계관을 다양하게 변화시키는 굉장한 힘을 갖고 있다. 같은 75법에서도 어디에 선을 긋는가에 따라 정경은 완전히 달라진다. 이 마지막 장에서는 5위 75법 이외의 분류를 세 가지 소개하겠다. 《반야심경般若心經》에도 나오는 전통적인 분류법으로 5온五蘊, 12처十二處, 18계十八界이다. 5위 75법과는 또 다른 세계의 관점이 보인다.

생명체의 분류 - 오온五蘊

75법의 전부를 분류한 것이 아니다. 그중의 유위법만을 다섯 종류로 나눈 것이다. 즉 72법의 분류이다(표1).

색(色)	안(眼), 이(耳), 비(鼻), 설(舌), 신(身) 색(色), 성(聲), 향(香), 미(味), 촉(觸) 무표색(無表色)
수(受)	수(受)
상(想)	상(想)
행(行)	사(思), 촉(觸), 욕(欲), 혜(慧), 염(念), 작의(作意), 승해(勝解), 삼마지(三摩地) 신(信), 근(勤), 사(捨), 참(慚), 괴(愧), 무탐(無貪), 무진(無瞋), 불해(不害), 경안(輕安), 불방일(不放逸) 무명(無明), 방일(放逸), 해태(懈怠), 불신(不信), 혼침(惛沈), 도거(掉擧) 무참(無慚), 무괴(無愧) 분(忿), 부(覆), 간(慳), 질(嫉), 뇌(惱), 해(害), 한(恨), 첨(諂), 광(誑), 교(憍) 악작(惡作), 면(眠), 심(尋), 사(伺), 탐(貪), 진(瞋), 만(慢), 의(疑) 득(得), 비득(非得), 중동분(衆同分), 무상과(無想果), 무상정(無想定), 멸진정(滅盡定), 명근(命根), 생(生), 주(住), 이(異), 멸(滅), 명신(名身), 구신(句身), 문신(文身)
식(識)	심(心)

표1 오온五蘊의 일람

색色은 넓은 의미에서 물질 전체라는 색법이다. 인식하는 색법과 인식되는 색법 양쪽을 모두 포함한다. 구체적으로 말하면 안眼, 이耳, 비鼻, 설舌, 신身의 오근五根과 색(色, 좁은 의미에서 색깔과 형태), 성聲, 향香, 미味, 촉觸의 오경五境, 거기에 무표색無表色이라는 특수한 색법을 더해 11종이다(무표색의 설명은 생략함). 수受는 심소법 중 '대지법大地法'에 포함되어 있던 그 수이다. 상想도 대지법의 하나이다. 수와 상은 각각 하나의 심소이기 때문에 단독적인 하나의 법이다. 행行은 잠시 뒤로 미루고, 식識을 살펴보면 심心=의意=식識이기 때문에 이것은 중앙의 문어 머리 본체를 가리킨다. 당연히 하나의 독립적인 법이다. 색이 11종이고 수와 상과 식으로 3종. 전부 합쳐도 14개밖에 되지 않는다. 유위법은 전부 72개이기에 아직 58개 법이 남아있다. 그 58개 전부를 포함하는 것이 행行이다. 내용을 말하면 심소법 중 수와 상을 제외한 것과 심불상응행법 전부다.

어째서 이렇게 조화롭지 못한 분류가 되었을까? 오온의 분류와 5위75법의 분류가 완전히 별개로 고안되었기 때문이다. 오온은 본래 하나의 생명체를 설명하기 위한 표시 방법이다. 육체와 심적 작용의 통합체로 생명체 모습을 나타내는 것이 본래 목적이었다. 색이라고 해도 그것은 결코 전우주적인 물질세계를 의미하는 것이 아니라 어떤 생명체의 '육체 내부'를 가리키는 것에 불과하다. 그리고 그 육체 내부에서 감각기관(受), 구상작용(想), 의사작용(行), 인식작용(識)이 작용한다고 생각했다. 다섯 가지 요소는 같은 중요성으로 열거되어있다.

그러나 다른 흐름으로 5위75법이라는 분류가 나타났다. 그중에는 색, 수, 상, 행, 식이라는 오온 분류법과 똑같은 명칭이 사용되었기 때문에 좋든 싫든 '오위 분류의 색은 오온 분류의 색과 같다', '오위 분류의 수는 오온 분류의 수와 같다'라는 구조로 대응관계가 설정되었다. 그 결과 75법 중에 이름이 없는 '행'을 뺀 전부가 억지

로 들어가게 되어 편향된 대응이 생긴 것이다. 그러므로 오온의 본
질을 생각할 경우에는 75법과의 대응관계를 멀리하여 본래의 '생
명체의 분석'이라는 입장에서 보는 편이 좋다. "전 우주를 분석하
자"고 생각한 5위75법보다도 "우리 생명체는 어떤 요소로 이루어
져 있을까"라는 문제를 메인으로 한 오온 분류 쪽이 불교 본래의
목적에 따른 생각이라고 할 수 있다.

어느 찰나의 세계 전체의 분류 - 12처十二處

이것은 5위75법의 분류법과 같이 무위법도 포함한 이 세상의 모
든 존재를 분류한 것이다(표2). 따라서 12개의 분류 항목에 75법
전부가 포함된다. 분류의 기준은 '인식하는 것'과 '인식되는 것'의
차이다. 안이비설신의 오근에다가 내적인 인식기관인 의意를 더한
육근이 '인식하는 쪽'이다. 각각의 대상 영역은 색성향미촉의 오경
과 의근의 인식영역인 법法을 더한 육경이 '인식되는 쪽'이다. 제1
장에서 물질세계에 대해서 설명할 때 안이비설신의 오근과 색성
향미촉의 오경에 대해서는 설명했다. 인식하는 쪽과 인식되는 쪽
이라는 구분을 물질세계뿐만 아니라 심적작용 영역까지 연장해서
생각한 것이 12처이다. 연장은 딱 한 걸음이면 충분하다. 인식하는
쪽으로 오근에 의意를 추가한다. 인식기관으로 작용하는 심心이

다. 그리고 의근의 인식영역으로 법法이라는 영역을 상정한 것이다. 여기서 말하는 법은 모든 존재요소라는 넓은 의미에서의 법과는 다르다. 5위75법의 법이 아니다. 그 일부로서 의意라는 인식기관의 대상 영역을 가리키는 좁은 의미다.

인식하는 쪽	인식되는 쪽
안(眼)	색(色)
이(耳)	성(聲)
비(鼻)	향(香)
설(舌)	미(味)
신(身)	촉(觸)
의(意) (心心)	법(法) 허공(虛空), 택멸(擇滅), 비택멸(非擇滅) 무표색(無表色) 수(受), 상(想), 사(思), 촉(觸), 욕(欲), 혜(慧), 염(念), 작의(作意), 승해(勝解), 삼마지(三摩地) 신(信), 근(勤), 사(捨), 참(慚), 괴(愧), 무탐(無貪), 무진(無瞋), 불해(不害), 경안(輕安), 불방일(不放逸) 무명(無明), 방일(放逸), 해태(懈怠), 불신(不信), 혼침(惛沈), 도거(掉擧) 무참(無慚), 무괴(無愧) 분(忿), 부(覆), 간(慳), 질(嫉), 뇌(腦), 해(害), 한(恨), 첨(諂), 광(誑), 교(憍) 악작(惡作), 면(眠), 심(尋), 사(伺), 탐(貪), 진(瞋), 만(慢), 의(疑) 득(得), 비득(非得), 중동분(衆同分), 무상과(無想果), 무상정(無想定), 멸진정(滅盡定), 명근(命根), 생(生), 주(住), 이(異), 멸(滅), 명신(名身), 구신(句身), 문신(文身)

표 2 　십이처十二處

법이라는 경境은 의근에 의해 인식되는 대상 영역이다. 간단히 말하면 마음에서 상상할 수 있는 모든 것이다. 오근과 오경과 의근

(心)은 앞서 항목 설명을 했기에 제외했다. 따라서 법경法境은 그것 이외의 모든 것이 포함된다. 즉 모든 심소와 심불상응행법과 (여기가 중요한데) 3무위三無爲다. 무위법은 다른 법과 상호작용하는 것이 없어 결코 인식될 수 없다. 그럼에도 불구하고 우리는 그것을 마음에 상상할 수는 있다. 엄밀히 말하면 그 무위법의 득(得, 離繫得)을 상정할 수 있다. 이러한 이유에서 우리는 마음, 즉 의근을 인식기관으로 무위법을 인식할 수 있다고 생각한다. 따라서 법 중에는 무위법도 포함된다. 모든 심소법과 심불상응행법과 무위법이 법의 내용물이다. 실제로는 여기에 더욱 기묘한 물질요소인 무표색이라는 것이 포함되지만, 그것은《구사론》의 특수한 의견이기에 생략하겠다.

이러한 12처는 오온과 달리 75법 전부를 포함하는 분류법이다. 무위가 포함되는 이상, 그것은 시간을 초월한 전 우주를 조망한 분류표다.

현재·과거·미래 전 세계의 분류 — 18계十八界

마지막으로 18계는 12처를 토대로 만들어진 분류다. 12처는 모든 존재를 인식하는 쪽 여섯 종류와 인식되는 쪽 여섯 종류로 구분했다. 이번에는 인식하는 쪽과 인식되는 쪽이 상호작용하여 생기는

'인식認識' 그 자체를 따로 취급한 여섯 가지를 밖으로 꺼내어 18 항목으로 분류한 것이 18계이다(표3).

인식하는 쪽	인식 그 자체의 심	인식되는 쪽
안(眼)	안식(眼識)	색(色)
이(耳)	이식(耳識)	성(聲)
비(鼻)	비식(鼻識)	향(香)
설(舌)	설식(舌識)	미(味)
신(身)	신식(身識)	촉(觸)
의(意) (심心)	의식(意識)	법(法) 허공(虛空), 택멸(擇滅), 비택멸(非擇滅) 무표색(無表色) 수(受), 상(想), 사(思), 촉(觸), 욕(欲), 혜(慧), 염(念), 작의(作意), 승해(勝解), 삼마지(三摩地) 신(信), 근(勤), 사(捨), 참(慚), 괴(愧), 무탐(無貪), 무진(無瞋), 불해(不害), 경안(輕安), 불방일(不放逸) 무명(無明), 방일(放逸), 해태(懈怠), 불신(不信), 혼침(惛沈), 도거(掉擧) 무참(無慚), 무괴(無愧) 분(忿), 부(覆), 간(慳), 질(嫉), 뇌(惱), 해(害), 한(恨), 첨(諂), 광(誑), 교(憍) 악작(惡作), 면(眠), 심(尋), 사(伺), 탐(貪), 진(瞋), 만(慢), 의(疑) 득(得), 비득(非得), 중동분(衆同分), 무상과(無想果), 무상정(無想定), 멸진정(滅盡定), 명근(命根), 생(生), 주(住), 이(異), 멸(滅), 명신(名身), 구신(句身), 문신(文身)

표3 십팔계十八界

이것은 언뜻 보면 기묘한 이야기로 들린다. 이 세상 모든 법을 열두 개로 분류한 것이 12처인데 거기에는 필시 세상에 존재하는 모든 법이 포함되어있다. 그럼에도 12처와는 다른 6종의 '인식'을 설정한다고 말하고 있다. 그럼 6종의 '인식'이라는 것은 12처에는 포함되지 않는다는 것인가? 그렇게 되면 12처는 세상 모든 것을 포함하는 분류가 아니라는 모순이 생기지 않는가? 이 의문에 대한 답은 다음과 같다.

새롭게 항목을 설정한 6종의 '인식'이란 안식眼識, 이식耳識, 비식鼻識, 설식舌識, 신식身識, 의식意識이다. 이렇게 이름을 나열해 보면 이해할 수 있을 것이다. 앞서 제2장에서 설명한 것과 같이 여섯 종류의 식이란 한 찰나전의 심心이 인식기관(意根)으로 작용하여 그 결과를 낳는 인식이다. 즉 심이라는 법이 인식기관으로 작용하는 것과 동시에 그 결과로 생기는 인식 자체도 되는 메커니즘이다. 12처는 그 두 종류의 기능을 하나로 모아 '의意'라고 부르는데, 그것을 모으지 않고 따로 설정하면 인식기관의 심과 인식 자체의 심으로 나뉜다. 인식기관으로서 심은 안이비설신과 나란히 하는 의라고 불리는 근이다. 이것은 이미 12처의 구성원으로 편입되어 있다. 이에 비해 인식 자체로서 심을 설정하여 따로 밖으로 내놓는다. 그것이 새롭게 부가된 안식, 이식, 비식, 설식, 신식, 의식의 육식이다.

즉 12처에서 '의'라는 항목으로 모든 것이 정리되어있던 심의 기능을 '인식'만을 별개로 밖으로 열거하여 넓힌 것이 육식이다. 그만큼 항목이 늘어나 18계가 되었다.

이와 같이 12처와 18계는 원래 같은 구조의 분류 방법이라는 것을 알 수 있다. 따라서 양자는 어떠한 차이도 없이 완전히 똑같은 것이라고 생각될 수 있다. 실은 그렇지 않다. 분류라는 것은 매우 희한해서 같은 것을 같은 견해로 분류하여도 그 구분점만 조금 바꾸어도 나타나는 법이 크게 달라지게 된다. 12처와 18계에도 그러한 특성이 나타난다.

어디에 12처와 18계의 큰 차이가 있는가? 그것은 동시존재성의 차이다. 12처의 경우 6종의 인식기관과 6종의 대상영역이 늘어서 있다. 예를 들어 나라는 인간이 한 찰나에 어느 정도 인식기관을 지니고, 어느 정도 인식 대상이 존재하는가 하는 전체 모습을 나타낸다고 볼 수 있다. 즉 어떤 찰나의 나와 나의 주변세계를 총망라하여 표시한 것이 12처이다.

그런데 18계가 되면 이야기가 달라진다. 새롭게 밖으로 꺼낸 6종의 인식을 보면 알 수 있는데 안식, 이식과 같은 6종의 인식은 나라는 한 명의 인간 내부에서 절대로 동시에 일어날 수 없다. 문어머리의 여섯 색깔 꼬마전구이기 때문에 여섯 색깔 중 어떤 찰나에는 어느 한 색깔밖에 빛나지 않는다. 안식과 이식이 동시에 일어난다는 것은 절대로 없다. 한 찰나의 나는 육식 가운데 어느 하나만 일어난다. 따라서 18계의 분류는 어떤 찰나의 나와 나의 주변세계를 분리해 표시한 것이 아니다. 18계는 시간의 간격을 무시하고 과거, 현재, 미래에 걸쳐 나와 그 주변세계를 모두 조망한 구성요소다. 12처와 18계는 표시의 시간 단위가 다르다는 것이다.

　5온, 12처, 18계라는 기본적인 분류 방법을 간단하게 설명했다. 5위75법과 함께 사용되는 중요한 분류 방법이기에 외워두면 다른 불교 문헌을 읽을 때에 큰 도움이 될 것이다.

《구사론》을 자료로 아비달마 불교철학이 생각하는 세계의 형태를 설명했다. 현대 과학적 세계관에서 보면 기묘하고 불합리한 부분이 수없이 눈에 띄고, 종교 교리에 무리하게 해석된 것도 많다. 그 반면 초월자나 기적 등의 초현실적 요소를 일체 고려하지 않았다. 모든 물질과 정신을 포함한 전 우주를 오직 법칙성만으로 설명했다. 이 장대한 시도가 어느 정도 성공했다는 점에는 지극히 감복한다. 과학적 사고를 수학 언어를 사용하지 않고 표현한 좋은 예가 아닌가 싶다. 이것만으로 아직 《구사론》의 약 절반 정도다. 남은 수행에 관한 부분은 다음 기회로 미루겠으나, 어쨌든 이 책을 읽는 독자분들께서 불교라는 종교가 가진 지적인 측면의 재미를 조금이라도 느끼셨다면 다행이겠다.

불교에 있어서의 정신과 물질을 둘러싼 오해
야마베 노부요시에 대해서

도쿄농업대학에 야마베 노부요시(山部能宜) 교수가 계신다. 이 분
이 최근 나의 연구에 흥미있는 의견을 제시해 소개한다. 서양적 개
념에서 말하는 '물질'과 '정신'의 구분과《구사론》에 나타난 불교
적 개념 구분의 차이를 이해하는 것이 얼마나 중요한 기본 작업인
지 여실히 보여주는 실례다. 야마베 교수의 논문이 게재된 책은 대
승불교 시리즈 7《유식唯識과 유가행瑜伽行》(春秋社, 2012)이다.

　야마베 교수의 논문 주제는 대승불교 일부에서 빈번하게 주장
하는 '아뢰야식阿賴耶識'이라고 불리는 특수한 심적 요소가 어떠한
경과로 도입되었는가 하는 문제를 되짚어본 것이다. 그건 지금 이
야기와 관계는 없다. 다만 논문의 뒷부분에 '정신'과 '물질'의 관계
에 대해서 독자적인 견해가 피력되어 있는데 그것이 중요하다.

　나는 다양한 장소에서 과학과 불교의 공통성과 그리고 양자의
상이점에 대해서 지적해왔는데 그 논리적인 기반은 모두《붓다와

아인슈타인(犀の角たち)》이라는 책 속에 밝혀져있다(이 책의 유래와 내용에 대해서는 '후기'를 읽어주시길 바랍니다). 그 속에서 나는 주장의 요점을 다음과 같이 정리해 기록했다.

초월자의 존재를 인정하지 않고 법칙성만으로 세계를 이해하려고 한 불교의 입장은 현대 과학적 세계관과 공통되는 점이 있다. 반면 불교와 과학에는 결정적인 차이도 있다. 과학은 세계를 물질과 정신으로 이분할 했을 때 물질만을 고찰 대상으로 그 물질세계를 지배하는 기본 법칙의 발견을 사명으로 한다. 하지만 불교는 물질세계에 거의 흥미를 가지지 않는다. 불교의 목적은 현실세계에 살아가는 것을 괴로움으로 생각하여 그 상태로부터 탈출을 원하는 사람들에게 바른 길을 알려주는 것에 있는 이상, 그 고찰 영역은 우리들의 정신에 한정된다.

세계를 물질과 정신으로 분할하여 생각할 경우, 자연과학은 그중에 물질을 고찰 대상으로 하는 반면 불교는 물질보다도 정신을 고찰의 주안에 두었다는 견해다. 실은 이후에 현대 뇌과학의 발전이 그러한 과학과 불교의 간격을 메워서 양자를 융합하는 새로운 세계관을 만들어 내지 않을까 하는 의견인데, 그건 지금 다루지 않겠다. 야마베 교수가 문제시 한 것은 위의 인용 부분만이다. 이 견해에 대해서 야마베 교수는 다음과 같이 말한다.

이상과 같이 설명한 필자의 견해가 이 (사사키 씨의) 견해와 크게 다른 것은 명백하다. 필자는 신체에 대한 충분한 고려없이 불교(적어도 선정에 직접 관계하는 부분)를 이해하는 것은 불가능하다고 생각한다.

여기서 야마베 교수가 말하는 것은 다음과 같은 논리다. "불교를 이해하기 위해서는 단순히 심리적인 측면만을 봐서는 안 된다. 불교란 실제로 신체를 사용해 선정, 즉 명상수행을 하는 수행자가 주역이기 때문에 신체적, 생리적 측면을 포함해 생각해야 한다. 그럼에도 불구하고 사사키 씨는 불교는 물질보다도 정신을 고찰의 주안에 두었다고 말한다. 불교라고 물질을 중시하지 않았을까? 그렇기 때문에 사사키 씨가 말하는 것은 이상한 게 아닐까?"

　이 책을 여기까지 읽은 독자라면 야마베 교수의 이 주장 어디에 잘못이 있는지 바로 알 수 있을 것이다. 야마베 교수는 '물질'과 '정신'이라는 용어를 서양적 개념으로 이해하고 있다. 외부의 무기적 물질세계와 우리들 육체와 그 육체에 있는 인식기관(根) 모두 '물질'이라고 생각한다. 그리고 그것들과는 별개로 마치 그리스도교의 영혼과 같은 별체의 '정신'이라는 것이 존재한다고 상정하고 있다. 불교 수행자는 명상하는 가운데 그 육체의 인식기관을 컨트롤하여 마음 상태를 바꿔가려고 하기에 인식기관과 마음 양쪽 다 중시한다. 그렇기 때문에 불교는 물질과 정신을 둘 다 평등하게 중시하는 종교로서 정신만 특화된 종교가 아니라고 말한다.

앞서 몇 번이고 설명했듯이 불교는 그리스도교나 이슬람교와 같이 육체와 영혼을 별개의 독립존재로서 생각하지 않는다. 외계의 무기적 물질세계는 근根이라는 인식기관을 통해 심·심소와 직접 연결되어있다. 이 세 개가 하나가 되어 함께 작용할 때 우리들 '정신 작용'이라는 것이 나타난다. 따라서 심·심소만을 가리켜 '정신'이라고 말하지 않는다. 적어도 심·심소와 근이 '정신'이며, 덧붙여 말하면 심·심소와 근과 그 근의 대상이 되는 색법, 이 세 가지가 '정신'을 형성한다고 말할 수 있다. 따라서 불교 수행자가 자기 신체의 인식기관을 제어하여 심·심소 상태를 변이시켜가는 활동 자체가 전부 '정신' 활동이다. 그리고 심·심소나 근과는 전혀 무관하게 외부에 무기적으로 존재하는 색법의 세계가 과학의 고찰대상인 '물질'이다. 서양적 개념에서 이 세상을 물질과 정신으로 이분할하는 경우 우리 육체에 있는 인식기관은 소재로는 물질(色法)이지만, 기능으로는 틀림없이 정신의 일부다. 서양에서 말하는 정신이란 불교에서 말하는 '심·심소와 근을 합한 전체'에 해당한다는 것은 아비달마를 배울 때 기본이다. 이 구조가 이해되면 수행자가 명상 수행할 때 신체적, 생리적 측면은 '정신'의 영역에 들어간다는 것을 이해할 수 있다. 야마베 교수는 서양적 이원론二元論으로 봤기 때문에 '정신이 아닌 물질이다'라고 생각한 것이다. 불교적으로 바르게 보면 그것은 "색법이면서 심·심소와 협동하여 작용하는 내적존재이며 정신의 한 요소이기도 하다"는 것이다.

실은 야마베 교수와 같은 오해를 다른 불교학자에게도 가끔 들을 때가 있다. 불교 세계관의 가장 기본적인 부분이 아직도 충분히 이해되지 않았다는 증거다. 야마베 교수는 불교학계에서 상당히 뛰어난 업적을 남긴 훌륭한 학자다. 이번 건은 기본적이긴 하지만 사소한 오해에 불과하다. 그러나 경우에 따라서 그러한 기본적인 오해가 불교 이해에 큰 장애가 될 수도 있기에 이 책이 그러한 사태를 피하는 것에 일조하기를 바란다.

젊은 시절에는 과학자를 꿈꾸며 교토대학공학부 공업화학과에 입학했다. 들어간 뒤에 처음으로 '나는 과학자 체질이 아닌 것 같다'는 생각이 들었다. 외우지 않으면 안 되는 화학 공식은 머리에 들어오지 않고, 논문을 읽어도 세부까지 생각이 닿지 않으며, 실험기구의 사용이 서툴기만 하여 정밀한 측정은 실패만 거듭했다. 그 대신 머릿속에 떠오르는 건 '과학이란 세계는 도대체 무엇을 목적으로 하는가?', '과학과 인간의 사이에는 어떠한 관계가 있는가?' 하는 뜬구름 잡는 의문만 가득했다. 아무리 생각하여도 어떠한 답도 떠오르지 않았다.

실험에 실패해서 혼이 나서 방으로 돌아오면 과학철학 책을 읽거나 별난 과학자의 생애를 찾아보거나 하는 일정하지 않은 소극적인 생활이 몇 년이나 계속되었다. 긍지를 갖고 자신을 주장하는 장소가 어디에도 없었다. 한 명의 어른으로서 가슴을 펼 방법이 없었다. '잘못된 길로 들어섰다'고 후회하면서 매일 밤을 지새웠지만 이제 와서 바꿀 수도 없었다. 중학생 시절부터 '내가 갈 길은 이것 밖에 없다'라고 분발하며 맹렬히 달려온 과학자의 길이다. 앞으로 고꾸라지며 헛발을 내디뎠는데 발을 둘 곳이 어디에도 없었다. 몸도 마음도 우울하고 잿빛이 되어 완전히 자포자기했을 때 비로소 '다시 한 번 처음부터 해보자'라는 당연한 생각이 번쩍 떠올랐다. 지금 생각하면 두려워 할 어리석은 결단이다. 자신에게 맞지 않는 것을 알면서도 몇 년이나 무리해서 엉망진창이 되어서야 비로소 그만둘까 하는 생각이 든 것이다.

노벨상 수준의 화학자가 수없이 많은 대단한 공업화학과에서 간신히 버티면서 어찌어찌하여 졸업했다. 그럼 이제부터 뭘 하지? '풋내기 화학자'라는 허명을 벗겨내면 나에게는 생계를 꾸려나갈 어떠한 기술도 없다. 고향집이 절이라는 이유만으로 아무 생각없이 문학부 불교학과의 문을 두드렸다. 집이 신사였다면 신도학神道學으로 갔을 것이고 목사의 아들이었다면 그리스도교학에 들어갔을 것이다. 그 정도의 선택이었다. 그런데 들어간 곳이 다행인지 불행인지 문학부에서 가장 뛰어난 인재들의 집단. '인도학'이라는 이름 아래 불교학, 인도철학, 산스크리트문학이라는 세 개의 학문이 하나로 모여 격전을 벌이는 학문의 아성이었다. 드디어 노벨상의 그림자로부터 도망쳤다고 생각했더니 이번엔 사상철학의 깊은 우물로 곤두박질했다. 어디를 가도 몸을 둘 곳이 없었다. 그렇다고 해서 몇 번이나 인생의 리셋이 가능한 것도 아니었다. 그 후로는 그대로 할 수 있는 노력과 '번뜩임'이라는 이름의 위험한 단판승부를 의지해 여기까지 오게 되었다.

❖

뒤돌아보면 전부 운명이었다. 스스로 힘으로 무언가를 어떻게 했다는 기억은 없다. 지금 말한 것처럼 어쩌다 우연찮게 교토대학문학부 '인도학'에 옮기게 된 것도 운이었다. 그 덕분에 그때까지 조금도 흥미가 없던 '석가모니'라는 인물의 생애와 사상을 접할 수 있었다. 그것은 내 인생 최대의 놀라움이었다. 공학부 시절에 '과학이란 무엇인가'라는 문제를 생각했었는데 그 대답을 석가모니 가르침 속에서 찾을 수 있을 것 같았다. 인도를 배우고 석가모니라는 인물에 대해서 배우던 중 사물에 대한 관찰법과 생각이 자연과학과 같은 기반이라서 두 가지를 동일선상에 놓고 인간 활동을 파악할 수 있을 거라 생각했다.

그렇다고 해서 단순히 문득 떠오른 생각만으로는 의미가 없다. 논리적 뒷받침이 없는 생각은 아무리 흥미롭더라도 공론空論에 불과하다. 어쨌든 이과계에서 불교학으로 옮겨 인생의 큰 전환을 이루었다고 생각했다. 실로 표현할 수 없는 느낌이었다. 작은 고뇌가 쌓여 그대로 커다란 하나의 기쁨으로 바뀌는 체험이었다.

미국 유학 중에 아무 인연과 연고도 없던 하나조노(花園)대학에 자리를 얻은 것도 감사한 운이었다. 우연히 하나조노대학에서 나의 전문 분야인 '계율戒律'에 흥미를 가지고 심사단계에서 높게 평가해주었다. 그 덕분에 교수직을 얻었다. 고향집은 정토진종淨土眞宗 사찰이고 나 역시 형식적이지만 승려의 자격도 있다. 반면 하나조노대학은 훌륭한 선종禪宗 대학이다. 선종 대학이 정토진종 승려를 교수로 채용하는 것은 실로 의연한 조처이다. 하나조노대학이 "뭐 그럴 수도 있는 거지"라며 채용해준 것도 내 일생의 행운이었다.

다시 생각해보면 또 하나 큰 행운이 있다. 시간을 거슬러 고등학교 입학 첫날 출석부 순서대로 내 앞에 사이토라는 남학생이 앉아 있었다. 사이토 나루야(齋藤成也)는 매우 특이한 남자아이였다. 점차 친해져 서로 집에 오가며 지냈다. 그는 이후 도쿄대학 생물학과에 진학했다. 그 사이에도 연락은 계속 이어졌고 내가 공학부에서 문학부로 옮긴 후에는 더 친밀해졌다. 사이토는 전문 분야인 생물학 분야를 훨씬 뛰어넘어 역사, 문학, 철학 등에 상당히 조예가 깊어 내가 불교학으로 전향한 것을 "바른 선택이다" 하며 마음 깊이 기뻐해주었다. 미국 텍사스대학에서 유학을 한 사이토는 그곳에서 박사학위를 받고 일본으로 돌아와 도쿄대학 조교수를 거쳐 시즈오카에 있는 국립유전학연구소에서 일했다. 유전진화학의 권위 있는 학자가 되어 지금은 그곳의 교수이다. 둘도 없는 친구로서 변함없이 우정을 이어가고 있다. 이러한 나의 생애와 서로 경쟁하며 함께 해줄 수 있는 친구가 있다는 것은 실로 감사하고 자극이 된다. 고등학교 첫날 내가 받은 행운은 지금 점점 더 강해지는 기분이다.

❖

내 인생의 전향과 그 사이 세 가지 행운을 만난 이야기를 했다. 이제부터는 이 책과의 인연에 대해서이다. 다소 불안한 발걸음이나 그래도 비틀비틀 불교학의 길을 걸어 하나조노대학에 취직한 뒤로는 여러 불교학자들과 교제도 깊어지면서 점차 학문이 재미있어졌다. 불교라는 독특한 세계를 전체적으로 바라보는 여유도 생겼다. 그러던 참에 하나조노대학의 후원으로 '과학과 불교'에 관한 공개강연회를 맡지 않겠냐는 이야기가 왔다. 2001년의 이야기다. 매월 다양한 분야의 제일선에서 활약하는 젊은 과학자를 불러 둘이서 대론對論하며 연구 내용을 소개하는 동시에 불교와의 공유점을 찾아가는 흥미롭다면 흥미롭지만 별난 그런 강연회 기획이다. 물론 아무 망설임 없이 받아들였다. 이과 시절의 추억이 되살아나 활력이 넘쳤다. 과학 논문이나 해설서를 섭렵하며 '좋은 일을 하고 있다'고 생각하는 사람에게 직접 간청했다. 대론자의 선택에서부터 교섭, 당일 접대, 실제 강연, 뒷처리까지 실로 즐거운 일이었다.

이때 큰 힘이 되어준 친구가 사이토다. 넓은 인맥 가운데 좋은 과학자를 소개해주거나 내가 찾는 과학자에게 보증을 해주는 등 덕분에 강연 내용의 폭이 훨씬 넓어졌다. 뇌과학자, 수학자, 생리학자, 우주물리학자 등 다채로운 사람들을 차례차례 부르며 이 기획은 3년간 이어졌다. 스스로 알아차리지는 못했지만 아마도 그 사이 내 안에 '과학이란 무엇인가?'라는 옛날 의문이 차례로 명확해지고, 불교와 서로 비교하면서 그 답을 만들어가고 있었다고 생각한다.

3년이 지나 기획이 종료되고 원래의 자리로 돌아와 본업인 불교학에 전념하고 있었는데 어느새 머릿속에 과학과 불교의 관계를 정면으로 다룬 책을 쓰고 싶다는 생각이 굳어져 실제 구상이 떠올랐다. "과학이란 무엇인가?"라며 우두커니 천정을 올려보던 공학부 시절로부터 실로 30년이 지나 드디어 그 답을 알게 되었다고 생각한 것이다. 그래서 2006년 1월 1일, 뜻을 굳히고 책을 쓰기 시작했다. 3개월 안에 완성하겠다며 다짐하고는 3개월 후인 3월 31일에 집필을 마쳤다. 그것이 《붓다와 아인슈타인(원제:犀の角たち)》이라는 책이다. 거기서 물리학, 진화학, 수학, 그리고 불교라는 네 개의 영역을 균등하게 보고 그 공통점과 미래를 말했다. 이런 제각각의 항목으로 이루어진 책을 일괄해서 평가해 줄 사람이 있을 리가 없다고 생각하여 처음부터 기대하지 않았다. 다만 내가 30년간 끌어안고 있던 의문에 스스로 답을 얻었다는 이야기다.

아니나 다를까 불교관계자의 평가는 나빴다. "불교학자가 과학을 이야기할 리가 없다"는 선입견은 무리도 아니다. 그나마 좋은 점에서 "아주 자극적인 책이었다"라는 정도의 평가였다. 그러나 그 후 점점 흥미로웠다. 처음으로 칭찬을 해준 사람은 뇌과학자인 후지타 이치로(藤田一郎) 오사카대학 교수였다. 후지타 교수는 내가 하나조노대학에서 공개강연회를 했을 때 맨 처음 부른 과학자다. 그 후 인연이 없어 교류도 끊어졌는데 내가《붓다와 아인슈타인》을 드렸을 때 매우 호의적인 평가를 해주었다. 그 후로 오사카대학의 이공계 수업에 강사로 불러주는 등 점차 교류가 깊어지며 지금은 소중한 친구가 되었다.

그 무렵 나는 아사히신문에 〈날마다 수행(日日是修行)〉이라는 칼럼을 연재하고 있었는데 그것을 읽고 한 번 만나보고 싶다며 연락한 사람이 있었다. 소립자물리학자인 토츠카 요우지(戶塚洋二) 씨다. 뉴트리노Neutrino질량이 존재하는 것을 증명하여 노벨물리학상이 틀림없다는 참이었는데 암 투병으로 마지막을 준비하고 계신 시기였다. 도쿄에서 회담 약속을 잡고 자기 소개를 할 생각으로 새삼스럽게《붓다와 아인슈타인》을 보내드렸다. 깜짝 놀란 것은 토츠카 씨가 그것을 정독하고 회담에 나오신 것이다. 그 두 시간의 회담은 나에게 있어 일생에 잊을 수 없는 소중한 시간이 되었다. 그보다 기뻤던 일은 토츠카 씨가 내 책을 진지하게 여러 번 읽고 그 평가를 본인의 블로그에 정중하게 적어준 것이다. 일본 최고의 물리학자에게 평가를 받는다는 것 그 이상의 어떤 바람도 없었다. 공학부를 그만두면서 마음속에 가만히 간직해 두었던 '갈기갈기 찢겨진 자존심'이 천천히 본래의 모습으로 나아가는 그런 기분이었다.

토츠카 씨는 그로부터 반년이 지나 돌아가셨다. 신문에서 서거기사를 읽고 나는 눈물을 흘리면서 몇 번이고 "감사했습니다"라며 머리를 숙였다. 토츠카 씨의 블로그는 그 후 토츠카 씨와 교류를 가진 타치바나 타카시(立花隆) 씨에 의해 깔끔하게 정리되어 한 권의 책으로 출판되었다. 이 책은 지금도 내 서재 한가운데 특등석에 놓여있다.

토츠카 씨의 힘인지 그 후 과학 관계의 다양한 분들로부터 《붓다와 아인슈타인》이 재평가되었다. 도쿄대학 준교수이며 과학커뮤니케이션·과학기술정책을 연구하는 요코야마 히로미(横山廣美) 씨는 내 책을 〈닛케이사이언스〉 특집 '대학 1학년에게 추천하고 싶은 책'으로 선정해주었다. 책을 쓴 본인을 내버려 두고 책이 마음대로 출세를 하게 되어 낯뜨겁다.

책이 점차 사람들의 관심을 받아가던 중에 화학동인化學同人으로부터 원고 청탁이 들어왔다. 화학동인 편집자인 쓰루 타카아키(津留貴彰) 씨가 내 책을 읽고 "이 책의 속편과 같은 책을 썼으면 좋겠다. 동인선서同人選書의 한 권으로 출판하고 싶다"며 찾아왔다. 속편이라고 하여도 더 이상 쓸 것이 없었다. 써야 할 것을 전부 다

써버렸기 때문이다. 어떠한 것이 좋을지 고민하며 "정통한 속편이란 도대체 어떤 책을 의미하는가?"라는 문제를 신중하게 생각하기 시작했다. 《붓다와 아인슈타인》에서는 물리학이나 수학이라는 자연과학 분야에서 생기는 패러다임 전환(Paradigm shift)의 방향성을 검토하여 이상적인 신의 관점에서 한정적인 인간의 관점으로 사물의 관점이 변이해가는 '인간화人間化'에 과학의 본질이 있다고 지적했다. 그리고 그것이 석가모니가 만든 불교라는 종교의 관점과 어긋남 없이 융합하는 세계관이라는 것을 주장하며 과학과 불교의 일원화 가능성을 찾아냈다. 《붓다와 아인슈타인》은 "과학이 어떤 점에서 불교와 결합되는가?"라는 문제를 과학에 중점을 두고 설명한 책이다. 그렇다면 다음에 써야 할 것은 불교에 중점을 두고 "불교의 어떤 점에 과학적 사고가 나타나는가?"를 설명하는 책이지 않으면 안 된다. 그럼 그것은 무엇이 테마인가? 과학적 사고가 나타나 있는 불교의 분야란 무엇인가? 거기까지 생각한 후 결심이 굳었다. 그것은 아비달마이다.

　대승불교가 주장하는 '공空'이나 '불성佛性' 등의 신비사상을 일체 인정하지 않고 기계론적인 인과법칙만으로 전 우주를 설명하려 한다. 실제 그 기획에 성공한 아비달마철학이야말로 가장 과학적인 불교 영역이다. 아비달마 세계관을 전부 소개하여 그것이 어떤 점에서 과학적인가를 가능한 알기 쉽게 설명한다. 그것이야말로 《붓다와 아인슈타인》의 속편이라고 생각되어 쓰루 씨에게도 그렇게 말했다. "과연! 그럼 그 선에서 부탁드립니다", "알겠습니다. 열심히 하겠습니다"라고 말한 뒤, 몇 년이 지나도록 테마는 정했으나 집필이 진행되지 않았다. '일반 독자들이 알기 쉽도록 쓰지 않으면 안 된다'고 생각할수록 집필이 더욱 어려웠다. "이것은《붓다와 아인슈타인》과 같이 30년이 걸리지 않으면 더 이상 쓸 수 없는 것일지도 모른다"며 비관하는 시기도 길어졌다.

그러나 역시 인간의 능력이란 불가사의해서 할 수 없는 것을 할 수 있도록 '해보자!'라는 기분으로 계속 이어가면 어느새 완성된다. 무리라고 생각했던 작업도 정신을 차려보니 한 발 한 발 진행되어 마침내 '후기'를 쓰고 있다.

가만히 눈을 감으면 감개무량하다. 중학교, 고등학교, 대학교에서 과학만을 생각하며 시간을 보내다가 좌절하여 비틀거리며 불교학에 매달려 운좋게 보통 사람처럼 생활할 수 있었고, 정신을 차려보니 이렇게 돌아온 인생의 모든 것을 소재로 책을 쓰고 있다. 모든 것이 잘 풀린 축복받은 인생도 좋지만, 잘 안 풀린 인생도 아주 멋진 것이다. 생각했던 것과 같은 행복은 손에 넣을 수 없지만 생각지도 않았던 즐거움이 찾아온다. 이 책은 그런 나의 이런저런 것들 위에 기분 좋게 편승하여 생겨났다. 불교관계자들에게는 좋지 않게 받아들여질지도 모르지만 나의 소중한 자식이다. 장남인《붓다와 아인슈타인》같이 출세해주기를 바라는 것이 부모의 마음이다. 조금이라도 많은 분들이 아비달마불교 철학의 합리적인 세계를 이해할 수 있다면 매우 다행이며 감사하다.

좌절과 열등감을 가지고 있지만 누구보다 진지하게 살아가는 세상의 많은 사람들에게 이 책을 바친다.

사사키 시즈카

부처님의 자비은덕에
깊이 감사드립니다

2011년 3월 11일, 일본 동북 지방에 진도 9.0의 대지진이 발생했다. 이 동일본대지진으로 인해 일본뿐만 아닌 우리나라를 포함한 전 세계가 충격에 빠졌다. 나에게도 큰 충격이었다. 이 날로부터 일주일 뒤에 나는 일본 교토로 유학을 떠날 계획이었다. 주변 사람들은 지금 일본으로 유학을 가면 죽으러 가는 것과 마찬가지라며 극구 유학을 반대했다. 그러한 조언을 듣고 나 역시도 많은 생각과 걱정이 들었다. 그러나 처음 출가 발심을 할 때 여러 공부와 경험을 쌓고 싶었고, 또한 해인사승가대학 시절부터 많은 분들의 도움으로 긴 시간 준비하였기에 결국 나의 신념을 믿고 무작정 유학길에 올랐다.

처음 도착한 일본은 생각했던 것과 달리 모든 환경이 달랐고, 대지진의 영향으로 물가도 천정부지로 치솟아 있었다. 경제적으로 여유롭지 못한 상황에 떠나온 유학길이었기에 하루하루의 생활은

힘들기만 했다. 어학원에 입학한 뒤 생활고를 해결하고자 여러 일자리도 알아보았다. 그러나 부족한 언어 실력에 번번이 면접에서 떨어졌고, 결국 승려의 신분으로 이런 것까지 해야 하나, 라는 의구심까지 생겼다. 그때 해인사에서부터 지도해주셨던 종묵 스님에게 어려운 시절에 유학하시던 얘기를 듣게 되었고, 당신보다는 나은 환경에서 공부하고 있는 내 자신을 돌이켜보며 한없이 부끄러움을 느끼며 다시금 마음을 잡을 수 있었다.

마음이 바뀐 탓인지 거짓말처럼 다음 날부터 모든 게 새롭게 다가왔다. 걱정만 하던 날들은 신선한 경험이 되었고 그 안에서 새롭게 공부를 시작했다. 그리고 그토록 찾아다니던 일자리도 생겨 식당 접시닦이부터 교토역 청소까지 여러 잡일들을 하며 학비도 마련할 수 있었다. 일본인들 속에서 함께 일하며 일본어도 자연스레 나아졌고 일 년 만에 일본어능력시험도 합격했다. 그렇게 첫 유학생활의 1년을 보내고 다음 해에 교토 하나조노대학교의 대학원 석사과정에 입학할 수 있었다.

대학원 생활은 어학원 때와는 사뭇 달랐다. 교수님들은 도통 알아듣기 어려운 교토 사투리로 수업을 하였고, 학생들도 본인의 연구에 몰두해 있어서 쉽게 다가가기 어려웠다. 그러나 나에게는 이러한 어려움도 즐거움이었다. 새롭게 도전하는 마음으로 밤낮으로 학업에 매진하였고, 부처님의 자비은덕으로 운 좋게 장학금까지 받게 되어 유학생활에 큰 걱정을 하나 덜 수 있었다. 그리고 이 시기에 일본 유학의 스승이자 길잡이가 되어주신 사사키 시즈카 교수님과 나카지마 시로 교수님도 만났다. 나카지마 교수님은 한 국에서 유학을 하신 분으로 나의 대학원 생활에 많은 지도를 해주 셨고 지금까지도 항상 친절하게 연구와 논문을 지도해주고 계신 다. 그러나 사사키 교수님은 한국에서 여러 사람들로부터 무서운 분이라는 소문을 들은 터라 처음엔 다가가지 못하고 피해 다녔다. 그러던 중 교수님으로부터 호출을 받고 처음 대면하게 되었다. 백 문이불여일견이라더니 직접 만난 사사키 교수님은 나의 유학 생 활의 고충을 들으시고 본인도 미국에서 같은 어려움을 겪으며 공 부하였다며 아낌없는 지도와 응원을 해주셨다.

그렇게 사사키 교수님과 가까워지게 되며 교수님의 아비달마 구사론 수업도 들었다. 기존에 공부하던 대승불교의 교리와는 달 리 초기불교의 교리와 사상을 세밀히 나누어 과학적으로 증명한 구사론은 많은 흥미를 유발하였으나, 낯선 단어와 사상체계가 큰 벽으로 다가왔다. 그러나 교수님에게 걸음마를 배우듯 하나하나 지도를 받게 되었고, 보다 깊은 이해를 위해 고대 인도어인 산스크 리트어와 팔리어까지 배웠다. 그러던 중 교수님과 함께 태국 출장 을 가게 되었다. 그곳에서 팔리 원전으로 공부하는 태국스님들이 사사키 교수님에게 구사론과 율장을 지도 받는 모습을 보고 교수 님의 저서가 우리나라에도 번역되어 나온다면 많은 이들이 보다 좋은 연구 환경에서 공부할 수 있을 것이라는 생각이 들었다. 그래서 용기를 내어 교수님이 각별히 여기시는 이 책《과학의 불교》를 번역하고 싶다고 말씀드렸다. 교수님께서는 선뜻 허락을 해주시며 많은 응원과 기대를 해주셨다. 부족한 실력이기에 혹시라도 오역이 생기지 않도록 수없이 교수님과 상의하여 번역 작업을 했다. 이해가 부족한 부분에 대해선 다시금 설명을 듣고 내용을 이해한 뒤에 번역에 임했다. 비록 교수님의 저서를 번역한 것이지만, 이 책은 나에게 있어서도 많은 공부를 하게 해주었고 나의 신심과 노력이 깃든 소중한 책이다.

처음 번역을 하는 터라 과연 내가 할 수 있을까 걱정도 있었지만, 많은 분들의 성원에 힘입어 이렇게 마지막까지 완역할 수 있었다. 이 책에 나온 사사키 교수님의 말씀과 같이 나 역시도 뒤돌아보면 전부 운명이었다. 여러 운들과 우연들이 인연이 되어 지금의 나를 만들어주었다. 나 혼자서 무언가를 이루고 만든 것이 아닌 주위의 많은 분들이 나를 이끌어주었고, 나는 그 인연의 흐름에 의해 지금에 이를 수 있었다. 해인사 행자실에 있는 '하심下心'이라는 문구와 같이 항상 자신을 낮추고 게으름 없이 일념으로 정진하는 수행자가 되어 부처님의 자비와 나를 둘러싼 인연의 은혜에 보답하고자 한다.

끝으로 이 책을 출판하는 데까지 물심양면으로 지원과 성원을 보내주신 은사 일면 스님과 맏사형 일관 스님을 비롯한 문도스님들께 깊이 감사드린다. 그리고 항상 곁에서 지도해주신 종묵 스님과 해인사 51기 도반스님들, 자연심 보살님, 수많은 인연들에게도 감사드린다. 또한 아비달마구사론이라는 다소 난해한 전문서적의 출판을 선뜻 나서서 진행해주신 모과나무출판사의 남배현 대표님과 직원 분들의 정성에 깊이 감사드린다.

법장

《구사론》의 원전

《구사론》의 원전은 산스크리트어, 한역, 티베트역이 현존한다. 이것들 중 일반 독자들에게 가장 이용하기 쉬운 한역《구사론》의 정보를 남겨둔다.

1. 현장玄奘 역《阿毘達磨俱舍論》(《大正新脩大藏經》제29권, 1~159쪽)
2. 진제眞諦 역《阿毘達磨俱舍釋論》(《大正新脩大藏經》제29권, 161~320쪽)
   한문에 친숙하지 않은 분이《구사론》의 원전을 접해보고 싶다고 생각될 경
   우엔 다음의 두 권 중에서 선택하시길 권한다.
   • 荻原雲來·木村泰賢譯〈國訳阿毗達磨俱舍論〉(《國譯大藏經》論部제
   11~13권, 國民文庫刊行會, 1919) *1975년에 第一書房에서 재출판
   • 西義雄譯〈阿毘達磨俱舍論〉(《國譯一切經印度撰述部》毗曇部제25, 26
   상·하, 大東出版, 1935) *1982년에 改版

《구사론》전9장의 현대 일본어역

1. 櫻部建《俱舍論の研究 - 界·根品》(구사론의 연구-계·근품) (法藏館, 1969)
   *《구사론》의 포괄적인 해석과 제1장, 제2장의 산스크리트어 원선 번역
2. 山口益·舟橋一哉《俱舍論の原典解明 世間品》(구사론의 원전해명 세간품)
   (法藏館, 1955)
   *제3장 및 그것의 주석문 번역. 단 산스크리트어 원전이 출판되기 전의 번역이기에
   티베트어역을 기본 자료로 하고 있다.
3. 舟橋一哉《俱舍論の原典解明 業品》(구사론의 원전해명 업품) (法藏館,
   1987)
   *제4장 및 그것의 주석문으로 산스크리트어 원전 번역

4. 小谷信千代·本莊良文《俱舍論の原典研究 - 隨眠品》(구사론의 원전연구- 수면품) (大藏出版, 2007)

　*제5장 및 그것의 주석문으로 산스크리트어 원전 번역

5. 櫻部建·小谷信千代《俱舍論の原典解明 賢聖品》(구사론의 원전해명 현성품) (法藏館, 1999)

　*제6장 및 그것의 주석문으로 산스크리트어 원전 번역

6. 櫻部建·小谷信千代·本莊良文《俱舍論の原典解明 智品·定品》(구사론의 원전해명 지품·정품) (大藏出版, 2004)

　*제7, 8장 및 그것의 주석문으로 산스크리트어 원전 번역

7. 櫻部建〈破我品の研究〉(《大谷大學研究年報》12, 21-112, 1959)

　*제9장의 번역. 단 산스크리트어 원전이 출판되기 전의 번역이기에 티베트어역을 기본 자료로 하고 있다.

8. 村上眞完〈人格主體論(靈魂論) 俱舍論破我品譯注(1)〉(《塚本啓祥教授還曆記念論文集 知の邂逅 佛教と科學》271~292쪽, 佼成出版社, 1993), 村上眞完〈人格主體論(靈魂論) 俱舍論破我品譯注(2)〉(《渡邊文麿博士追悼記念論集 原始佛教と大乘佛教(下卷)》99~140쪽, 永田文昌堂, 1993)

　*제9장의 산스크리트어 원전 번역

해설서

해설서로는 櫻部建·上山春平《存在の分析(アビダルマ)》(角川書店, 1969)이 발군으로 뛰어나다(角川ソフィア文庫에서 1996년 再版). 만일 나의《과학의 불교-아비달마불교의 과학적 세계관》이 책을 읽고, 아비달마를 더 배우고 싶다면 櫻部建·上山春平의 책을 추천한다. 또한 인도불교의 역사를 개관하고 싶다면 平川彰《インド佛教史(上·下)》(春秋社)를 추천한다. 포괄적인 인도불교사의 해설서로서 발군의 가치가 있다. 아비달마에 관한 설명도 명쾌하다. 다만 대승불교의 기원을 "불탑에 모인 재가자의 집단"이라고 보는 견해는 지금은 부정되기 때문에 이 점은 주의해야 한다.

225

226